KB209366

U보트 함장용 핸드북

U보트 함장용 핸드북

독일 해군 총사령부 | 지음
이동훈 | 옮김

| 차례 |

머리말

1939년부터 1945년까지 역사상 유례가 없는 거대한 잠수함전을 벌였던 독일 U보트 함대의 용맹한 승조원들. 그들은 비극적일 정도의 상황에 놓여 있었다. 1939년 전쟁이 발발한 시점에 카를 되니츠 제독은 U보트의 임무가 헛된 수고가 될 것이라고 확신하고 있었다. 무기 체계만 봐도, 1939년 독일 해군이 갖고 있던 2형과 7형 U보트는 주어진 임무를 수행하기에는 성능과 수량 면에서 모두 부족했다. 설상가상으로 독일 해군의 어뢰는 결함이 있었고, 그들의 적(연합군)은 물량 면에서 훨씬 우월하였다. U보트 함대의 승조원들은 오직 용기와 인내로, 의지와 책임감을 드러내 보였다.

그러나 이유 있는 불안에도 불구하고 영국과 그 동맹국 해군 장병들은 결코 U보트에게 압도당하지 않았다. 그들 역시 자신들이 독일군만큼이나 억세고 의지가 강하며, 상황이 요구하면 얼마든지 무자비해질 수 있음을 보여 주었다.

1941년 12월, 히틀러는 미국에 선전포고했다. 그다운 오판이었다. 이 때문에 대서양의 세력 균형은 U보트 함대 측에 더욱 불리하게 기울어졌다. 미국 해군과 항공대의 방대한 자원은 연합군의 승리를 확보해 주었다. 신기종 항공기가 투입되고, 아이슬란드가 연합군 항공기에 개방되면서 항공 공백(air gap)은 작아져만 갔다. 항공 공백이란 당시 항공기 항속거리가 짧아서 연합군 항공기들이 갈 수 없었던 중부 대서양의 공역을 말한다. 1944년 이 항공 공백은 완전히 사라졌고, 이에 되니츠 제독은 북대서양 해전의 실패를 결국 인정하고 U보트들을 철수시킬 수밖에 없었다.

압도적인 적에 맞서 모든 것을 희생하겠다는 의지는 분명 고귀하다. 그러나 동시에 헛된 일이기도 하다. 인간의 피로는 강철을 이길 수 없다. 그리고 U보트 함대의 빈약한 자원으로는 그들이 원하던 전략적 승리를 얻을 수 없었다. U보트는 짧은 시간 동안이나마 강대한 연합군에 맞서, 연합국 상선단에 엄청난 피해를 입혔다. U보트가 한때 누렸던 이러한 우위를 본 처칠은 영국이 지속적으로 생존할 수 있을지를 매우 진지하게 고민할 수밖에 없었다. 얼마나 진지하게 고민했냐면, 후일 처칠이 대서양전을 "나를 두렵게 한 유일한 것"이라 말을 할 정도였다.

나치 선전기관은 U보트 전투에 대해 사방팔방 떠들고 다니면서, 귄터 프린, 요아힘 쉐프케, 오토 크레치머 등의 U보트 영웅들의 업적을 찬양했다. 그러나 그 이면을 보면 U보트 승조원으로 복무하는 것이 매우 위험하다는 것을 분명히 알 수 있다. 1941년, 앞서 말한 3명의 U보트 영웅들 중 2명은 전사하고 1명은 포로가 되었기 때문이다.

U보트전의 효과를 평가하기란 매우 어렵다. 독일 U보트가 연합국에 매우 큰 타격을 입혔음은 부인할 수 없다. 그들은 대량의 군 장비와 보급품이 연합국에 인도되는 것을 저지했다. 그러나 연합국 조선소는 U보트가 입힌 타격을 만회할 뿐더러, 손실된 배들의 배수량을 아득히 뛰어넘는 규모의 건조 능력을 보여 주었다. 그 능력은 특히 미국이 참전한 이후 더욱 강대해졌다. 이 때문에 독일의 방해에도 불구하고 연합국 상선단의 규모는 전쟁 내내 계속 커져만 갔다.

물론 U보트로 인해 연합국도 막대한 물자 손실과 사기 저하를 당한 것은 사실이다. 앞서의 처칠의 증언에서도 그 점을 알 수 있다. 그러나 실제 전투 자료를 엄밀하게 평가하기는 어렵다. 따라서 독일 잠수함전 전반의 승패를 가늠하기는 불가능하다. 독일 U보트들은 연합국 선박에 대한 직접 공격은 물론 기뢰 부설 임무에도 투입되었다. 알려진 바에 의하면 1939년 한

해 동안 독일은 U보트 9척을 손실하고, 직접 공격으로 연합국 상선 122척을 격침했다. 손실 교환비로 따지면 U보트 1척이 격침될 때마다 연합국 상선 13척이 격침된 것이다.

1940년에는 U보트 24척이 손실되고 연합국 상선 471척이 U보트에 의해

기지에 정박 중인 U보트들. 이들은 장거리 출동임무를 위해 대기하고 있다. 영국 최악의 적들이다.

격침당했다. U보트 1척이 격침될 때마다 연합국 상선 약 20척이 격침되었다. 최고점을 찍은 손실 교환비다.

대서양 전투의 전환점이던 1941년, U보트의 손실은 계속 늘어만 갔다. 이 해 격침당한 U보트는 35척, U보트의 공격으로 격침당한 연합국 상선은 432척이다. 이 해의 손실 교환비는 1:12 정도. 1939년보다도 낮고 1940년보다는 한참 낮다.

1942년 U보트의 손실률은 크게 높아져 86척이 격침당했다. U보트가 격침한 연합국 상선은 1,159척이다. 만약 U보트가 이런 속도로 연합국 상선을 계속 격침했더라면, 영국의 해상 보급선은 끊기기 직전까지 갔을 것이다. 1942년은 처칠의 고민이 매우 깊어졌던 어려운 시기였다. 그러나 독일 해군이 가용 자원을 총동원했음에도 이 해의 손실 교환비는 1:13을 좀 넘는 정도였다.

1943년이 되자, 연합군의 에니그마(독일의 암호기) 암호 해독이 효과를 발휘하기 시작했다. 호송대 전술도 개량되었고, 항공 엄호와 레이더의 성능도 비약적으로 발전되었다. 이에 따라 U보트의 손실은 기하급수적으로 늘었다. 이 한 해 동안 격침당한 U보트는 무려 242척이었다. 같은 기간 U보트에 격침당한 연합국 상선은 463척에 불과했다. 1942년에 1:13이던 교환비가 그 다음해에는 1:2로 급락한 것이다. 물론 연합국이 입은 피해도 컸지만 이제 전세는 전 전선에서 독일에 불리하게 돌아가기 시작한 게 역력했다. 그중에서도 U보트 함대는 특히 더 가망이 없었다. U보트 손실의 급격한 증대, 연합국의 군사 기술 진보, 연합군의 화력 증대, 연합국 상선단의 자원과 배수량 증대. 이 모든 요인은 독일 해군 측에 더 이상의 잠수함전 수행을 자살 행위로 보이게 하기 충분했다.

에니그마 암호가 해독되자 연합국은 U보트 작전 정보를 자세히 알 수 있었다. 그리고 그 결과는 U보트 함대의 파국이었다. 다행히도 되니츠 제독은 에니그마 암호가 해독된 사실을 모르고 있었다. 그러나 대서양 호송대 교통로에서의 패배는 확실해졌고, 그는 U보트들을 북대서양에서 철수시킬 수밖에 없었다. 그렇지 않다면 그 불리한 싸움에 매달릴 수밖에 없었기 때문이었다. 그래도 결말은 참담했다. 1944년 한 해 동안 격침당한 U보트는 250척이었다. 제2차 세계대전 중 가장 많은 U보트가 격침당한 해였다. 이 엄청난 손실의 대가로 격침시킨 연합국 상선은 132척에 불과했다. 교환비는 무려 2:1로까지 떨어졌다.

항공기 탑재 레이더, 첨단 잠수함 탐지 장치의 등장은 대서양 전투의 끝

산더미 같은 식량들이 부두와 인도에 쌓여 있다. 그 대부분은 통조림이다. 심지어 쇠고기도 통조림으로 먹는다. 제1당직사관의 오른팔인 갑판장은 승조원 전원의 보급에 대해 책임을 진다. 장거리 임무에 나서는 잠수함에는 엄청난 양의 보급품이 실린다.

을 알리는 신호였다. 1944년, 대서양 전투에서 독일의 패색은 분명해졌다. 독일은 효과적인 대응 수단을 필사적으로 찾았다. 개량형 U보트도 만들었지만 전세를 역전시킬 수는 없었다. 연합국은 독일에 쉴 틈을 주지 않았다. 전쟁이 종전되던 1945년 한 해 동안 격침당한 U보트는 120척. U보트가 격침한 연합국 상선은 56척이었다. 2:1의 교환비였다.

1939년부터 1945년 사이에 적의 공격으로 격침당한 U보트는 총 731척이다. 그리고 1945년 5월 레겐보겐 작전으로 자침된 U보트는 200척이다. 대서양 해전에서 독일이 손실한 이러한 인력과 자원은 전차 12,000~15,000대를 만들어 운용할 수 있을 만큼의 양이었다. 이는 지상전 전세에 큰 영향을 줄 수도 있는 수준이었다. 독일은 수상함이 부설한 기뢰, 수상함 또는 항공기의 직접 공격을 통해서도 연합국 상선을 공격했으며, U보트가 격침한 연합국 상선 수는 연합국 상선 전체 격침 수의 50%를 좀 넘는 정도에 불과했다는 점에도 주목해야 한다. 제2차 세계대전 중 격침당한 연합국 상선 5,219척 중 2,827척만이 U보트에 격침된 것이다.

제2차 세계대전은 여러 면에서 볼 때 말이 안 되는 전쟁이었다. 1938년, 일련의 도상 훈련과 기동 훈련을 실시한 독일 해군은, 영국 본토를 확실히 해상 봉쇄하려면 대서양에 최소 300척의 U보트를 배치해야 한다는 결론을 내렸다. 이 숫자는 U보트 손실률이 50%에 달한다는 것을 전제로 정해졌다. 여기에 U보트의 전투 손실, 전투 해역으로 이동 또는 귀환 중인 U보트, 수리 중인 U보트, 교육훈련용으로 쓰이는 U보트, 건조 중인 U보트까지 다 감안하면 독일 U보트 함대는 1,000척의 U보트를 상시 보유해야 영국 본토 봉쇄 성공을 꿈이라도 꿀 수 있었다. 그러나 현실은 그와는 거리가 멀었다. 제2차 세계대전이 개전되었을 때 독일 해군이 보유한 U보트는 교육훈련용 11척, 전투용 46척에 불과했다. 이 전투용 잠수함 중 20척이 연안작전용 소형 2형이었고, 2척은 성능이 좋지 못한 1형이었다. 결국 이들을 빼고 나면 작전 투입 가능한 원양작전용 U보트는 24척뿐이었다.

불과 24척의 원양용 U보트로 1939년 대서양 전투를 시작한 것은 헛된 시도였다. 독일은 이미 더 많은 수의 U보트를 건조 중이었고, 잠수함 건조 계획에는 급가속이 걸렸다. 그러나 1939년 한 해 동안 U보트 9척이 적의 공격으로 격침당했다. 이는 감당하기 힘든 큰 손실이었다. 또한 다가올 악

잠수함의 간부들은 한 배에 타는 40여 명의 승조원들을 수개월 동안 먹여 살려야 한다. 신선 식품을 구할 수 있다면 출항 날 가장 마지막에 싣는다. 레몬, 감자, 야채, 고기 등이다. 보존 처리가 되지 않은 이런 식품들은 보통 항해 8일차까지는 다 먹어 없앤다. 그 이상 오랫동안 보관할 방법이 없기 때문이다. 사과도 14일간만 보관할 수 있다. 그 이후가 되면 빵에는 곰팡이가 잔뜩 피고 속이 썩어 들어간다. 곰팡이가 잔뜩 핀 빵을 가리켜 '토끼'라고들 많이 불렀다. 신선한 빵이 다 떨어지면, 카드보드지 맛이 나는 통조림 빵도 감사히 먹을 수밖에 없다.

몽의 전조이기도 했다. 개전 초기 U보트 함대에게는 아주 작게나마 이길 기회가 있었다. 그러나 연합군의 대잠 전력이 파괴력을 높여 가면서 그 기회도 급속히 줄어들어 갔다. 영국 본토를 완전 봉쇄한다는 전략적 목표를 이루는 데 필요한 만큼의 U보트는 단 한 번도 주어진 적이 없었다. 이는 독일 해군 총사령부부터가 뼈저리게 체감하고 있는 바였다. 전쟁이 진행되면서 전구는 남대서양, 북극해, 카리브해, 지중해, 극동 등으로 계속 확장되어 갔는데, 여전히 독일 해군의 자원은 부족했다. 결국 전략적 목표 달성은 꿈도 꿀 수 없게 되고 말았다.

지상에서 독일 국방군은 상당한 전략적 승리를 거두었다. 그러나 1942년 이후 독일 국방군은 보급 부족 사태에 처했다. 돌이켜 생각해 보면 U보트 함대의 가장 큰 가치는 가짜 희망을 주어 독일인들을 강하게 몰아 부치는 선전 효과였다. U보트들의 모험은 뉴스 영화와 선전 잡지 및 신문의 소재로 제격이었다. U보트 승조원들은 낭만화되고 영웅으로 칭송받았다. 독일의 승리 사례를 기록하기 위해, 여러 U보트에는 PK(Propaganda Kompanie: 선전 부대) 소속 사진 및 동영상 촬영 기자들이 동승했다. 그중 한 명이 바로 로타 귄터 부흐하임이었다. 부흐하임은 소설《다스 보트(Das Boot)》(후일 영화로도 극화되어 우리나라에는 '특전 U보트'라는 제목으로 개봉되었다.-역자주)의 저자로 유명해졌다. 그는 U-96에 탑승해 취재한 경험을 토대로 이 소설을 썼다.

6년에 걸친 제2차 세계대전 기간 동안 독일 해군에 취역한 U보트는 1,200여 척에 달한다. 이 중 731척이 전투 손실당했다. 절대 반박할 수 없는 사실을 말하자면, 이들 U보트가 연합국에 입힌 선박 손실은 연합국의 조선 능력을 능가하기는커녕 비슷해진 적도 없었다. 독일 U보트가 처한 상황은 전쟁이 진행되는 동안 계속 불리해져만 갔다. U보트는 숙련된 승조원의 손길이 있어야 운항이 가능한 까다로운 군함이다. 그러나 가혹한 전투 속에 숙련 승조원들은 대거 소모되었다. 바다로 나가는 승조원들의 숙련도는 갈수록 떨어져만 갔다. 1943년 중반부터 U보트가 적을 공격할 기회도 없이 첫 임무에서 손실되어 버리는 경우가 많아졌다. 그리고 이 중 상당수가 승조원의 실수로 인한 것으로 보인다. 임무 중 실종된 U보트의 수는 52

진짜로 가장 마지막에 배에 들어가는 보급품은 승조원이다. 승조원은 개인 물품을 너무 많이 갖고 탈 수 없다. 손가방 하나에 들어갈 만큼만 가져간다. 탑승하면 속옷도 잘 갈아입을 수 없고, 수면도 근무복 차림으로 취한다. 면도는 절대 불가능하고 세수도 자주 할 수 없다. 잠수함에서 청수(淸水)는 귀중품이기 때문이다. 칫솔, 수건, 작은 사진(주로 사물함에 붙이는 용도) 정도 외에는 가져갈 수 없다. 함교탑 후방 마스트에는 독일 해군의 군기가 게양되어 있다. 적기의 기습 공격에 대비해 대공포는 발사 준비 상태. 함교탑 위의 공기 흡입구는 디젤 엔진의 시동이 걸리면 엔진에 신선한 공기를 공급해 준다.

척이다. 이 중에는 적의 공격이나 기관 고장으로 손실된 배도 있었을 것이다. 그러나 그중 대부분은 미숙련 승조원들의 치명적 실수로 침몰했을 것으로 추측된다.

이 책에 실린 모든 사진과 사진 해설은 1942년 발간된 서적《U-boot Auf Feindfahrt》에서 발췌한 것이다.

■ 사전 유의 사항

1 _ 전시에는 뛰어난 전술 지식과 능력을 갖춘 잠수함 함장만이 오랫동안 살아남을 수 있다. 그러나 잠수함전의 전술을 이해하고 숙달하려면 자신의 무기의 특성을 철저히 알아야 한다. 전술도 결국 무기에 의존하는 것이기 때문이다.

또한, 모든 담당 장교가 동일한 전술적 사고를 할 수 있도록 훈련되어야 무기가 제공하는 기회를 철저히 활용하여 완벽한 승리를 거둘 수 있다.

무기의 이론적 지식과 적절한 전술에 대한 지식은 호전적인 투혼과 대담한 시각으로 보완되어야 한다. 잠수함전의 요체는 공격이다! 따라서 "해전에서의 승리를 원하는 자라면 언제나 공격하라!"는 격언은 잠수함 함장들에게 더욱 특별한 의미를 띤다.

2 _ 이하의 지침들은 현재 진행되는 전쟁의 경험을 반영한 것이다. 또한 우리 군이 보유한 어뢰 공격용 잠수함의 특성과 활용에 관한 것이다.

다른 유형의 잠수함(함포 사용 잠수함, 기뢰 부설 잠수함) 운용의 전술적 규칙은 해당 유형 잠수함의 운용 경험이 충분히 축적되어야 나올 수 있다.

"함수 함미 전 홋줄 걷어!" 출항 중인 함장의 모습

제1장

일반 사항

A. 잠수함의 기본적 특징과 용법

3 _ 잠수함의 가장 큰 특징과 장점은, 잠항을 통해 적의 눈을 피할 수 있다는 것이다. 따라서 잠수함은 위장한 상태로 적을 기습할 수 있다.

4 _ 잠수함은 적의 눈에 보이지 않는다. 잠수함은 이 특성을 공격과 방어에 활용할 수 있다. 바로 이 점 때문에 잠수함은 해군의 무기로서 적합하다.

> a. 잠수함은 주간이나 만월광 야간에도 적에게 예고 없이 수중 어뢰 공격을 가할 수 있다.
>
> b. 잠수함은 야간 수중 어뢰 공격을 가할 수 있다.
>
> c. 잠수함은 야간에 함포 사격을 가할 수 있다. 단, 함포 사격의 대상은 원해에서 호위를 받지 않는 적 상선에 한한다.
>
> d. 잠수함은 적에게 탐지되지 않고 기뢰를 부설할 수 있다.
>
> e. 간단히 말해, 잠수함은 아군 수상함이 작전할 수 없는, 적이 지배한 해역에서도 독립 작전 실시가 가능하다.

5 _ 기존 잠수함들의 가장 중요한 임무는 적에게 탐지되지 않은 상태에서

의 어뢰 공격이다. 이 임무를 수행하려면 잠수함의 크기는 일정 수준을 초과해서는 안 된다. 잠수함이 너무 크지 않아야 기동성이 좋아진다. 그리고 수심 조절 기능도 좋아진다. 따라서 다른 해군 함정들과는 달리, 잠수함은 적의 동급함을 압도하기 위해 크기를 늘릴 필요가 없다. 잠수함의 표적은 적의 수상함이고, 그 수상함의 화력은 잠수함보다 더욱 강력하지만 잠수함과는 다른 방식으로 발휘되기 때문이다.

6 _ 만약 수중 어뢰 발사 임무라는 주임무 대신 함포 사격 임무 등 사소한 부가 임무에 더 적합하게 하기 위해 일정한 한계 이상으로 잠수함의 크기를 키운다면, 그 수중 전투력은 크게 저하된다. 그럴 경우 잠수함의 잠항 기능은 적의 반격을 피하기 위한 자체방어 수단으로만 한정된다.

7 _ 잠수함은 동일한 배수량의 수상함보다 더 오랫동안 항해가 가능하다. 또한 그 내항성은 무제한이다. 이는 동일한 배수량의 수상함에 대해 갖는 분명한 장점이다. 잠수함을 이용한 해군 작전 시 이 두 가지를 특히 중요하게 생각해야 한다.

8 _ 잠수함을 통한 직접적인 해상 작전 성과와는 별도로 잠수함이 기습공격용 무기로 인식되면서, 그 군사 및 전략적 위상은 크게 변했다. 적은 어디서건 잠수함 출현을 신경쓰지 않을 수 없게 되었으며, 이로써 적의 전략적 결심과 군사 작전(우회, 방어 수단, 안전 초계, 지그재그 항로 등)에 큰 영향을 주었기 때문이다.

9 _ 잠수함은 수상과 수중에서 기동할 수 있어야 한다. 이 때문에 잠수함

풀린 홋줄을 말아서 저장하는 모습이다. 잠수함이 천천히 부두를 떠나 바다로 간다.

의 추진 체계는 이원화되어 있다. 수상 항주 때는 디젤 엔진을, 잠항 때는 전기 모터를 사용해야 한다. 이러한 이중 추진 체계로 인해 추진체계 무게는 두 배로 무겁고, 각각의 추진 방식의 성능은 저하된다. 이 때문에 잠수함은 수상함에 비해 수상 속도는 물론이고 잠항 속도도 느린 것이다. 이것이야말로 잠수함의 큰 약점이다. 잠수함의 전술적 활용 시 늘 이 점을 염두에 둬야 한다.

10 _ 잠수함의 또 다른 약점은 제한된 수중 기동 반경, 수중 위치가 낮고 매우 취약하다는 것이다.

11 _ 이러한 약점들로 인해 작전 성공 가능성이 희박해 보일 때에도 뛰어

난 전술과 창의적인 활용, 끈질긴 집념으로 극복해야 한다.

12_ 기본적으로 해군 전술에서 잠수함의 역할은 적에게 탐지되지 않고 단독으로 운용하여 월등한 전력을 보유한 적을 괴멸시키도록 타격을 가하는 것이다.

13_ 따라서 해군 작전에서 협동과 상호 지원을 목적으로 한 잠수함들의 집중 운용은 없다.

잠수함 집중 운용은 동일한 전술적 목표가 있을 경우이며, 별도의 긴밀한 전술적 연계는 없다.

상갑판에 U보트 함상복을 입고 선 승조원들이 지상에서의 작별 인사에 답례를 보내고 있다. 육지에 서서 작별 인사를 보내는 전우들과, U보트에 타고 있는 승조원들 사이를 갈라놓은 바다는 점점 넓어져만 간다. 해군 군악대도 작별의 노래를 연주한다. 그 음악 소리는 거친 바람에 희석되었어도, 여전히 또렷이 들린다. "Muss I denn(나는 가야만 한다네), Muss I denn…" 이번 항해는 얼마나 걸릴까? 돌아올 때 많은 격침 기념 페넌트를 달고 올까? 기다려 보라고! 영감(독일 U보트 승조원들이 함장을 가리키는 속어 – 역자주)과 우리들은 대승리를 거두고 개선하겠어!

잠수함 집중 운용 시 각 함은 이전과 마찬가지로 개별적으로 적을 공격하되, 특정 상황에서는 동시 공격 등의 방법으로 상호 간접 지원은 가능하다.

14 _ 잠수함은 공격력은 강하지만 방어력은 약하다. 이러한 잠수함의 주임무는 탐지되지 않은 상태에서 수상 또는 수중에서 어뢰를 이용한 기습 공격을 하는 것이다.

이러한 주임무가 아닌 다른 임무를 우선시하라는 명시적 명령이 없는 한, 잠수함 함장은 절대 주임무보다 다른 임무에 주의를 돌려서는 안 된다.

15 _ 공격 진행 중 상황에 따라 공격이 성공하지 못할 것 같거나 불가능해 보일 수 있다. 이때 잠수함 함장은 승리를 향한 굳은 신념을 가지고, 이런 부정적인 감정을 제거하고 강하게 스스로를 밀어붙여야만 그는 해전에서의 공격 기회를 놓치지 않고 승리를 거둘 수 있다.

16 _ 적에 대항하는 모든 작전에서 잠수함 함장은 특별한 협력 관계가 요구되지 않는 한, 완전히 독립적으로 결심한다.

모든 위험 요소를 일일이 다 따져서는 안 된다. 적을 과대평가해서는 안 된다. 언제나 적의 입장이 되려고 애쓸 필요는 없다. 해당 전장의 모든 상황을 스스로에게 적용해서는 안 된다. 이러한 내적 의구심과 망설임은 확신이 없고 부정적인 태도를 지니고 있다는 증거다. 이는 결심을 방해하고 임무 성공에 지장을 초래한다.

대담함과 책임감, 그리고 냉정하고 명료한 판단이 임무 성공의 전제 조건이다.

17 _ 공란(〈공란〉으로 적힌 곳은 향후 주제에 맞는 글을 추가로 적어놓기 위한 공간이다.)

18 _ 공란

B. 잠수함이 적의 이목을 끌지 않는 방법

19 _ 잠수함은 적에게 발각되지 않고 공격하여 기습을 달성하는 능력이 엄청나게 뛰어나다. 이러한 잠수함의 특징이야말로 큰 장점이다. 기습이야말로 승리의 전제 조건이다. 적이 잠수함을 먼저 발견할 경우 임무 성공 확률은 사실상 사라진다. 따라서 잠수함 함장은 온 힘을 다해 기습의 이점을 유지해야 한다.

20 _ 잠수함이 공격 전 및 공격 중 적에게 탐지되지 않으려면 적의 시각, 청음, ASDIC(Anti-Submarine Detection Investigation Committee)에 의한 피탐을 모두 피해야 한다.

1) 잠수함이 적에게 발견되지 않기 위해 해야 할 조치

21 _ 전투에서 잠수함이 기동(또는 적에 대한 접근) 및 공격할 때에는, 늘 "먼저 보는 자가 이긴다"라는 구호를 염두에 둬야 한다. 견시들이 지침 없이 사방을 감시해야 잠수함의 안전과 승리가 보장된다. 따라서 견시는 공격과 방어의 수단이기도 하다.
　이 때문에 수상 항해 시에는 철저히 견시를 유지해야 한다. 견시가 감시해야 할 구역을 체계적으로 나눌 필요가 있다. 수평선에서는 적 함선을, 수면에서는 적 잠수함의 잠망경을, 하늘에서는 적기를 찾으라. 잠수함의 최대의 적은 항공기다. 속도가 엄청나게 빠르기 때문이다. 따라서 주간이나 야간 월광 시에는 하늘을 특히 각별하게 감시해야 한다.

22 _ 계속 철저하게 견시를 유지하는 것은 피곤한 일이다. 따라서 견시 교대시간을 엄격히 지키고, 휴게 시간을 자주 줘야 한다. 모든 견시 인원은 선글래스를 휴대해야 한다.

  적기의 기습 공격에 대비하기 위해, 태양 부분을 특히 주의해서 살펴라.

23 _ 주간 수상에서 특별한 경우(제24번 항목에서 자세히 설명한다)가 아니면 잠망경을 사용해서는 안 된다. 부상 시 잠망경을 사용하면 잠수함 특유의 실루엣을 만들어 낸다. 이와 마찬가지로, 주간 잠항 시에도 잠수함이 충분한 수심까지 내려가지 않았다면 잠망경을 사용해서는 안 된다. 또한 잠수함은 주간에는 잠망경을 올린 채로 부상해서는 안 된다.

24 _ 만약 분해 수리 등 긴급한 이유로 주간에 잠수함이 수상에서 잠망경을 올려야 한다면, 날씨가 좋은 경우 쌍안경을 든 견시를 배치하여 적기의 기습 공격이 없는지를 알아보아야 한다. 날씨가 쾌청하고 바다가 잔잔하다면 잠망경을 올리는 것도 전방위를 보기 위해서는 좋을 수는 있다. 그러나 잠망경은 망원 성능이 약하고, 잠수함은 어쩔 수 없이 늘 진동하고 움직이므로 이는 유용한 선택이 되기 어렵다. 잠망경을 올림으로 인한 위험이 훨씬 더 크다.

25 _ 날씨가 쾌청할 때는 결코 수평선 위로 잠수함을 노출시켜서는 안 된다. 늦어도 수평선 위에 다른 배의 연돌이 드러난다면 바로 잠항하라. 일부 적함은 마스트 양현에는 쌍안경을 가진 견시를, 전방 마스트 상단에는 고성능 광학 거리 측정기를 갖추고 있다. 따라서 날씨가 쾌청할 시 적함의 마스트 상단 이상이 보여서는 안 된다. 만약 그 아랫부분도 보인다면 적함이 그만큼 가까이 있다는 뜻이고, 아군 잠수함이 적에게 발견될 위험이 더 커진다는 뜻이다.

너무 일찍 잠항하는 것이 너무 늦게 잠항하는 것보다는 낫다. 물론 둘 다 기회를 놓칠 위험성은 있지만 말이다. 날씨에 따라 할 수 있는 것들은 다 달라진다. 그것을 배우는 방법은 경험뿐이다. 잠수함 함장들은 적 상선의 견시의 능력, 야간에 발견되는 것의 위험성을 쉽게 과소평가하는 경향이 있다.

26 _ 초계 중인 적 항공기 또는 군함에 의한 기습 공격 위험이 있는 해역의 경우, 해당 해역에 위치하여 작전을 벌이는 잠수함은 일출부터 일몰시까지 잠항 상태를 유지해야 한다.

27 _ 안개가 끼어 있을 때도 잠항해 있는 편이 좋다. 저시정 상태라면 부상해서 견시를 쓰는 것보다, 잠항해 있는 편이 적함의 접근을 더욱 쉽게 탐지할 수 있다. 청음기로 적함의 엔진음을 들을 수 있기 때문이다.

28 _ 그러나 수상함 탐지를 위한 청음기 사용은, 잠수함이 부득이하게 계속 잠항해야 할 경우에만 한한다. 청음기 사용 때문에 수중에서 다른 활동을 다 정지하거나 수동적으로만 움직일 필요는 없고, 그래서도 안 된다.

청음기는 보조 수단에 불과하다. 결코 청음기를 시각 관측의 대체재로 여겨서는 안 된다. 시정이 허락하는 한 부상하라. 그렇지 않으면 귀중한 공격 기회를 놓치게 된다.

29 _ 장거리를 깊은 수심으로 잠항 항해한 잠수함은 특히 부상 시 적의 기습 공격을 당할 위험이 높다. 깊은 수심에서 부상할 경우에는 안전 수심(잠수함이 적 수상함과 충돌할 수 없는 수심, 통상 20m)에서 청음 속도를 유지하면서 전방위에 걸쳐 청음을 실시해야 한다. 청음 결과 이상이 없다면 잠망경을 올리고 위험 수심인 잠망경 수심(날씨에 따라 다르나 통상 9m)으로

디젤 엔진의 출력이 높아진다. 기관 텔레그래프의 지시 속도가 바뀌고 잠수함은 더욱 빠르게 항구를 빠져나가 광대한 대서양으로 나아간다. 비번인 승무원들은 모두 상갑판에 집합해 있다. 기뢰원 통과 시에는 물론 "갑판 총원 함내로" 구령에 따라 모두가 함내로 들어간다. 그리고 나면 이제 함교탑 견시 인원들만 함 외부를 볼 수 있다. 견시 근무는 4인 1조로 구성되며 근무조 교대 간격은 4시간이다. 대부분의 경우 함장도 직접 견시를 본다. 견시 인원 외에 다른 사람이 함교탑에 올라갈 수 있는 경우는 위험 요소가 없다고 간주될 때뿐이다. 배가 대서양에 들어서면 이제 누구도 갑판 위에 나갈 수 없다. 일부 승조원들은 귀환할 때까지 전혀 햇빛을 보지 못하기도 한다.

신속히 부상해야 한다. 이후 잠망경의 망원 기능을 사용하지 않고 주의 깊게 전방위 탐색을 실시한다. 여기서도 이상이 없다면 잠망경을 내리고(제 23번 항목 참조) 고속으로 부상한다. 부상 이후 가급적 빨리 함교탑의 해치를 열고, 함장과 견시 능력이 뛰어난 승조원 1명이 함교탑 위로 나간다. 함교탑에 배치된 승조원들이 전방위의 해상 상태를 쌍안경으로 완벽히 살피기 전까지는 압축공기를 사용하여 밸러스트 탱크 내부의 물을 완전히 비워서는 안 된다.

30 _ 잠수함이 (연료 탱크 누유 등으로 인한) 기름 항적을 남기지 않도록 꼼꼼히 살핀다. 잠항 시 압축 공기 내의 유분으로 인해서 기름 항적이 남을 수 있다. 따라서 잠수함은 잠항한 위치 또는 그 인근에 머물러 있어서는 안 된다.

드넓은 하늘 아래 끝없이 펼쳐진 대서양은 일엽편주 U보트를 사정없이 들었다 놨다 한다. 지붕이 없는 함교탑에 배치된 4명의 견시들은 지치지도 않고 임무를 수행 중이다. 함 전체의 승리와 안전이 이들의 손에 달려 있다.

31 _ 잠수함이 잠항한 후 잠망경을 낮게 올리더라도 적함은 해상 상태에 따라 4,000~5,000m 떨어진 거리에서 잠망경을 관측할 수 있다.

적함과의 거리가 그 미만이라면, 잠망경 사용은 가급적 줄여야 한다. 즉, 잠망경을 짧게 노출하여야 하고, 잠망경의 높이도 매우 낮은 높이로 설정하여 대물렌즈에 수면이 닿을락말락하게 해야 한다. 잠수함의 속도도 저속으로 해야 한다.

공격 시 잠망경 사용 규칙은 제2장 C 제125번 항목을 참조하라.

32 _ 잠망경의 색상은 잠수함 선체의 색상과 마찬가지로 짙고 탁한 회색으로 한다. 이 색은 어떤 밝기 상태에서도 가장 피탐 가능성이 낮다. 녹색이나 위장 무늬, 체스판 무늬 등을 칠한 잠망경은 빛의 양이 적을 때 의외로 잘 보인다.

33 _ 모든 항공기는 적기가 아니라고 입증되기 전까지는 적기로 간주하라.

34 _ 해상 상태가 나쁠 경우, 항공기는 부상한 잠수함을 발견하기 어렵다. 단, 해상 상태가 나빠도 수평선 위에 떠오른 잠수함의 실루엣은 항공기에서 잘 보인다. 해상 상태가 좋다면 항공기에서는 잠수함의 항적부터 보인다. 특히 잠수함이 빨리 움직일수록 항적이 더 잘 보인다.

35 _ 잠수함이 적 항공기에게 발견당하기 전에 항공기를 먼저 발견하는 방법은 충분하고 철저한 견시 유지뿐이다. 그래야 상황을 파악할 수 있고, 잠항 여부를 결정할 수 있다. 잠항을 하지 않고 계속 부상해 있어도 될지

판단이 확실치 않다면, 임시 잠항하거나 더 깊은 수심으로 잠수해 적 항공기에 의한 탐지를 피하라. 임무 성공률은 낮아지겠지만 적에게 발견당하는 것보다는 낫다.

36 _ 시정이 좋을 때는 제때 적기를 먼저 발견하는 것이 가능하다. 따라서 적기의 위협이 있는 해역에서는 부상해서 철저한 견시를 하는 것이 좋다. 물속에 있을 때보다는 물 밖에 있을 때가 적을 더 잘 발견할 수 있다. 또한 공격 기회도 더 많이 잡을 수 있다.

37 _ 적기의 위협이 있는 해역이라도 잠수함이 교전에 돌입했는데 안개와 낮게 깔린 구름으로 저시정 상태가 되고, 이로써 잠수함의 기동에까지 제약을 받는다면 이야기가 다르다. 이러한 상황에서는 주간 내내 잠항해 있는 것이 좋다. 이럴 때 부상해 있다면 적기의 기습 공격을 당해도 적기가 근거리까지 와야 알 수 있다. 그러면 잠항해서 안전 수심까지 내려갈 기회도 줄어들고 만다.

38 _ 잠수함의 상면 전체를 매우 짙은 색으로 칠해 놓으면 잠항 시 항공기가 발견하기 힘들다. 안테나에 붙는 절연체 등 원래 밝은 색이던 모든 물체에도 짙은 색을 칠해야 한다. 필요시 페인트가 벗겨진 곳에 보강 도색을 해야 한다. 이를 위해 상당량의 짙은 색 페인트를 탑재해야 한다.

39 _ 이렇게 칠해진 잠수함도 다음과 같은 상황에서는 잠항 중에도 항공기에 발견될 수 있다.

　　　a. 태양빛이 매우 강해 수면 아래쪽까지 관통하는 경우다. 태양빛이

없으면 물은 그 속의 모든 것을 가리는 어두운 덩어리가 된다.

b. 해상 상태가 나쁘지 않고 잔잔할 경우다. 만약 해상 상태가 2~3
급 이상이면 햇살이 강할 때에도 계속되는 굴절 때문에 수면 아
래가 보이지 않는다.

c. 항공기가 잠수함의 바로 위 상공에 있을 때다. 항공기의 속도는
빠르기 때문에 수중에서 이동하는 잠수함을 찾기 어렵기 때문이
다.

위에 설명한 3가지 조건, 즉 태양, 해상 상태, 잠수함에 대한 항
공기 상대 위치는 지중해처럼 고요한 바다인지, 발트해 강어귀
처럼 거친 바다인지에 따라 항공기에게 유리할 수도 불리할 수
도 있다. 해상 상태가 좋은 해역에서는 심지어 물속의 잠수함도
항공기에게 발견당하기 쉽다. 따라서 이런 곳에서 적기에 발견
되지 않으려면 잠수함은 적시에 충분한 깊이까지 잠항해야 한
다.

40 _ 잠수함이 저속으로 항주할 때라도 바다가 잔잔하다면 추진기(프로펠
러)와 잠망경이 남기는 항적 때문에 항공기에 발견될 수 있다. 이런 상황
에서 항공 공격을 받을 위험이 있다면 적시에 충분한 깊이까지 잠항해야
한다. 단, 잠망경을 통해 하늘을 충분히 관찰할 수 있는 경우는 예외다.

41 _ 항공 공격을 당할 때의 대처법은 제266~270번 항목을 참조하라.

42 _ 공란

43 _ 공란

44 _ 공란

45_ 공란

2) 적 청음기 대응 원칙

46_ 잠수함의 수중 어뢰 기습 공격 시에는 적의 청음기에 대응해야 한다. 적 청음기의 효율을 좌우하는 요인들은 다음과 같다.

  a. 적 청음기 자체의 효율

  b. 물의 음파 전달 정도

  c. 청음기가 장착된 적함의 간섭 수준

  d. 청음기가 탐지할 수 있는 음원의 소음 수준

47_ 적이 보유한 여러 종류의 청음기의 효율은 알려진 바가 없다. 우리 군의 동일 장비와 비슷한 정도의 효율로 추측된다.

48_ 수중 음파 전달은 해수의 균질함에 좌우된다. 해수는 해류, 밀물·썰물의 움직임에 따라 온도와 염도의 차이가 발생한다. 이러한 차이로 인해 해수는 여러 층으로 나뉜다. 여러 층으로 나뉜 곳에서는 음파 전달이 불량해진다. 해수에 있는 공기의 함유량이나, 플랑크톤의 분포도 음파 전달을 떨어뜨린다. 해수의 온도가 높건 낮건 균일하다면, 해수의 염분 농도가 높건 낮건 균일하다면 음파 전달은 좋아진다. 발트해와 북해의 음파 전달은 불량하다. 즉, 이런 곳은 잠수함 작전에 유리하다.

49_ 청음기를 장착한 적함의 간섭도는 적함 자체에서 나오는 소음의 강도와 바다의 상태에 좌우된다. 고속으로 항주하고, 바다의 상태가 거칠고,

여기 올라온 지도 여러 시간이 지났다. 당직사관은 우현 전방에, 갑판장은 좌현 전방에, 그 외에 견시 인원 2명은 후방에 서 있다. 그들은 계속 수평선과 하늘, 바다를 살피면서 공격해 오는 적함 또는 적 항공기, U보트가 공격해야 할 적 상선이 있는지 살핀다. 전원이 90도씩의 책임구역을 맡고 있다. 잠망경 마운트는 기대기 좋은 등판이 되어 준다. 그리고 함교탑 난간 위에 망원경을 올려놓으면 양손으로 망원경을 잡지 않아도 된다. 살고 싶다면 견시 근무를 허술하게 해서는 안 된다! 그리고 눈으로 볼 수 없는 수평선 너머의 공간에 대해서도 생각을 해 둬야 한다. 수평선 너머에서 육안으로는 보이지 않을 정도로 작은 마스트와 희미한 연기가 올라온다면 이들은 그걸 반드시 발견해야 한다.

가까운 곳에 다른 배가 있을수록 그 적함의 청음기의 효율은 크게 저하된다.

50_ 잠수한 잠수함은 청음 속도로 항주하면 자체 발생 소음을 크게 줄일 수 있다. 청음 속도란 잠수함 탑재 청음기가 최적의 효율을 발휘할 수 있는 속도다. 각 잠수함의 기계와 엔진, 장비의 발생 소음 수준은 배마다 다르다. 청음 속도는 시운전을 통해 알아내야 한다. 청음 속도를 알아내기 위한 시험 절차는 다음과 같다.

    a. 속도를 늦춘다. 시험을 통해 최적의 프로펠러 회전수를 알아낸다. 이 최적 회전수는 상황에 따라 다르다.

    b. 잠수함 승조원의 정숙성을 극대화한다. 대화는 작은 목소리로, 작업은 소리 없이, 모든 불필요한 보조 장비는 멈춘다(제4장 A 제250번 항목을 참조하라).

우리 해역에는 불규칙한 층심도가 많다. 따라서 잠수함이 청음 속도로 항주하면 적함이 저속으로 기동하면서 청음기를 작동시켜도 탐지하기가 거의 불가능하다. 음파 전달이 더 좋은 해역에서는 당연히 적에게도 유리해진다. 따라서 이러한 해역에서 잠수함은 청음 속도로 항주할 때 주의를 최대한 기울여야 한다.

적 청음기에 탐지당할 때의 행동 요령은 제4장 A 제250~257번 항목을 참조하라.

51_ 공란
52_ 공란
53_ 공란

3) 음파 탐지(ASDIC)의 원리

55 _ 잠수함이 기습적 수중 어뢰 공격에 성공하려면 ASDIC에 탐지되지 않아야 한다. ASDIC에 탐지되지 않아야 하는 이유는 그 외에도 많다. 적의 ASDIC 기반 방어의 효율성을 결정하는 전제 조건은 청음기를 다룬 제46~54번 항목과 같다.

    a. 잠수함 탐지 장치의 효율성

    b. 해수의 음파 전달성

    c. ASDIC 탑재 함정의 간섭도

    d. 표적의 음파 반사 면적 크기

56 _ 적의 잠수함 탐지 장치의 효율에 대해서는 단언할 수는 없으며, 전쟁 중에 얻은 경험을 통해 추측할 수 있을 뿐이다. 우리 군의 S장비와 동등한 수준으로 추정된다.

    a. ASDIC 작전이 성공하려면 반향이 강해야 한다. 우리 군의 S장비 운용 경험에 따르면 반향의 크기는 표적인 잠수함의 수심에 좌우된다. 즉, 표적의 수심이 깊어질수록 반향의 크기는 작아진다는 것이다. 어떤 경우에는 적의 음파 반향 펄스를 인터셉트하고, 반향 강도를 관측하여 최적 수심을 찾을 수 있다. 반향 펄스가 약할수록 적이 수신하는 반향도 약하다.

    b. 반향 펄스는 수동 K.D.B.(Kristalldrehbasisgerat, 회전 청음기)와 G.H.G.(Gruppenhorchgerät, 통합 청음기)로 들을 수 있다. G.H.G.의

경우 고주파수 필터를 사용해야 한다. 즉, 저주파수 음파는 걸러내야 한다는 뜻이다.

c. 현재까지 적의 잠수함 탐지 장비 음파 특성을 경험한 바에 따르면 음파 펄스에는 여러 가지가 있다. 우선 우리 S장비와 비슷하지만 부분적으로 톤이 더 깊다. 또 부분적으로 지속적인 울림이 있다. 경우에 따라서는 두 소리 모두, 청음기 운용자뿐 아니라 잠수함에 탄 승조원 총원이 들은 적도 있다. 또 소리쟁이 잎을 튕기는 것 같은 소리를 내는 아틀라스 반향 발신기도 있다. 음색이 강해지면서 음량이 줄어드는 경우도 있다. 이런 소리를 내는 장비는 잠수함의 방위를 탐지해 내는 성능이 매우 뛰어나다. 또한 잠수함의 선체를 쇳덩어리로 때리는 것 같은 소리를 내는 장비도 있다. 앞서 언급한 소리 중 우리 S장비와 비슷한 소리를 내는 장비는 음향 펄스 간 시간차가 7초라 쉽게 식별할 수 있다.

당직 근무 중인 잠수함 장교. 마치 고대 바이킹 선원의 후손 같다.

d. 현재까지의 경험과 전투 보고서로 볼 때, 적의 잠수함 탐지 장비
   는 표적의 수심도 정확히 파악할 수 있는 것으로 보인다.

57 _ ASDIC의 운용 조건 중 해수의 음파 전달에 관한 부분을 감안하면,
해수가 여러 층을 이루고 있는 해역에서는 ASDIC의 효율이 현저히 저하
되는 것이 확실하다.

a. 평온한 바다에 오랫동안 햇살이 비추면 밀도가 다른 물들로 이
   루어진 여러 해수층이 생긴다. 이를 층심도라고 한다. 그리고 고
   위도 해역에서는 서로 성질이 다른 바닷물들끼리 섞이기도 한
   다. 예를 들면 발트 해의 담수와 북해의 염수가 스카게라크, 카테
   가트에서 만나 섞이는 현상이다. 이는 지브롤터 만, 멕시코 만류
   및 그 인근, 강어귀 등에서도 나타나는 현상이다(더 자세한 것은

함교탑 후방에 선 2명의 견시 사이에는 내려진 잠망경과 방위환이 있다. 좌현 견시는
쌍안경의 렌즈를 닦고 있다. 바다 상태가 좋을 때도 바닷물이 쌍안경 대물렌즈에 끊
임없이 튀어 오른다.

Atlas of Water Densities of the Oceans를 참조). 이러한 해수의 층심도 적 ASDIC가 발신한 음파를 굴절시켜, 수신기로 되돌아가지 못하게 한다. 그렇게 되면 ASDIC도 쓸모가 없어지거나 아주 짧은 거리에 있는 물체만 탐지할 수 있다. 따라서 적의 ASDIC은 겨울보다는 여름에 효과가 떨어지는 경우가 많을 것으로 추측된다. 층심도가 발생하는 장소(스카게라크, 카테가트, 노르웨이 서해안, 펜틀랜드 퍼스, 멕시코 만류 인근, 지브롤터 해협)도 마찬가지다. 따라서 해수 밀도 및 온도에 대한 지속적인 관찰과 측정이 있어야 층심도의 유무를 알아내고, 적의 ASDIC이 탐지할 수 없는 수심을 알아낼 수 있다.

b. 게다가 수심이 다양한 얕은 물(모래톱 등)에서는 ASDIC을 사용한 잠수함 탐지가 거의 불가능하리만치 어렵다. 이런 곳은 잔해들이 많다. 노르웨이 피요르드 같은 협만들 역시 마찬가지다. 이런 곳은 ASDIC을 작동시키면 반향이 하나만 생기는 것이 아니라 너무 많이 생겨, 진짜 표적을 골라내기 어렵다.

58 _ 적함의 청음기 간섭 정도는 항적과 해상 상태에 따라 결정된다. 적함이 거친 바다에서 고속으로 항주하면 잠수함 탐지 장치의 효율이 떨어지고, 심지어 탐지가 아예 불가능해지기도 한다. 배 주변의 바닷물에 공기가 매우 강하게 삼투되기 때문이다. 따라서 스크루 프로펠러에 의해 물이 마구 휘저어지는 적함의 함미부에 있는 잠수함은 찾아내기가 어렵다.

59 _ 반향은 표적의 표면에서 일어난다. 따라서 표적의 표면 크기는 반향의 강도를 크게 좌우한다.

a. 잠수함이 적함 쪽에 면적이 넓은 측면을 보이고 있을 때가, 면적이 좁은 전면이나 후면을 보이고 있을 때보다 더 탐지되기 쉽다. 따라서 ASDIC으로 추적당하고 있을 때는 상대방에게 면적이 좁은 곳을 보여야 한다. 다만 잠수함이 고속으로 기동하지 않는 한, 전면이나 후면 중 어느 쪽을 보여도 상관은 없다. 물론 전면 쪽이 후면에 비해 면적이 더 좁기는 하다. 그러므로 잠수함의 전면을 적함으로 향하면 적의 방향 탐지와 반향 자극 청취에 의한 위치 파악에 대응하기가 더 좋다.

회색 가죽으로 된 U보트 함상복은 보온 및 방수 효과가 있다. 멀리 떨어진 곳에 비를 내리는 구름이 보인다면 평시보다 두 배로 더 조심해야 한다. 누구도 악천후를 틈타 우리 구역을 무사 통과하게 놔둬서는 안 된다. 혼자 고속으로 항주하는 배라도 반드시 찾아내어 공격 및 격침해야 한다. 물론 그런 배보다는 저속으로 항주하고 철저히 호위를 받는 호송선단이 훨씬 더 찾아내기 쉽지만 말이다.

b. ASDIC에 추격당하는 잠수함의 행동 요령에는 청음기로 추적당할 때의 행동 요령과 동일한 원칙이 적용된다. 즉, 함내에서는 최대한 정숙해야 한다. 잠수함 탐지 장비는 아마도 ASDIC 펄스를 수신하기에도 적합하기 때문이다.

ASDIC에 추격당할 때 취할 다른 행동 요령에 대해서는 제4장 B 제254~257번 항목을 참조하라.

60 _ 공란

61 _ 공란

62 _ 공란

63 _ 공란

64 _ 공란

C. 잠수함 통신수단 사용

65 _ 잠수함과 사령부 간, 그리고 잠수함과 잠수함 간의 통신에 쓰이는 유일한 수단은 무선 통신이다. 이 장비는 공격의 진행과 성공에 매우 중요하다. 통신 업무의 명령 실행과 규칙 준수를 지속적으로 감독하는 것이 통신관의 책임이다.

통신 업무를 규율하는 주된 규칙은 〈N.V.II〉(독일 해군 무선 통신 지침)이며, 보조 규칙으로 〈잠수함대 사령부(약칭 B.d.U.) 전시 근무 명령〉이 있다. 후자는 최신 정보에 맞춰 계속 갱신되고 있다.

함장과 당직사관, 통신사는 이들 규칙들을 철저히 이해해야 한다. 그것이 통신 업무를 적절하고 확실하게 실행하기 위한 전제 조건이다.

수신

66_ 각 잠수함이 무선 메시지를 확실히 수신하게 하려면 같은 메시지를 반복적으로 자주 발신하고, 적절한 단파 주파수를 선택하고, 최대 출력으로 송신하라.

수신하는 잠수함 역시 최선을 다해, 계획대로 발신되는 무선 메시지를 수신해야 한다.

발신

67_ 무선 메시지를 발신하는 잠수함은 적의 방향 탐지 장치에 발견될 위험이 있다. 그러나 상황에 따라서는 사령부와 다른 잠수함에게 중요한 무선 메시지 발신을 반드시 해야 하는 경우도 있다.

중요 메시지

68_ 중요 메시지는 다음과 같다.

    a. 다른 잠수함 행동에 영향을 미치는 적에 대한 보고

    b. 적 잠수함 또는 기뢰원의 위치 경보(기존에 알려져 있지 않은 기뢰원의 증거가 아니라면, 기뢰 한 발 보인다고 보고해서는 안 된다)

    c. 작전 전구, 교통량, 무장 병력의 운용 가능성, 적 초계 세력의 규모 등의 상황 보고

    d. 기상 보고

    e. 적함의 위치와 이동 상황 보고. 사령부에서 필요할 것으로 여겨질 경우에만 보고한다.

    f. 사령부에서 요구하는 보고. 이에 해당하는 보고에 대해서는 작전 명령에서 설명한다.

단문 메시지

69 _ 메시지의 대부분은 단문 메시지로 송신할 수 있다. 경험에 따르면 단문 메시지 송신 시 방향 탐지에 발견될 가능성을 최소화할 수 있다.

메시지 송신 시기

70 _ 송신 시간이 정해져 있지 않은 메시지는 가급적 저녁이나 야간에, 그리고 중대한 위치 변경이 있기 전에 송신한다. 이는 적이 대잠 부대나 항공기를 보내거나, 호송대의 침로를 바꾸는 등의 반응을 보이는 것을 막기

함장이 함교탑에서 여러 시간 동안 추적 중인 적 호송선단을 관찰하고 있다. 온 신경을 기울여 기회를 엿봐야 한다. 또한 끈기와 결단력이 있어야 한다. 적의 생각과 침로, 의도를 알아챌 수 있어야 한다. 적에게 밀려 격침당하지 않고 적 방어망을 뚫을 수 있어야 한다. 만약 적 호송선단을 놓치면 모든 것이 헛것이 된다. 그리고 U보트가 너무 일찍 발견되어 버리면 적함을 격침시키기는커녕 적의 폭뢰 공격을 얻어맞게 된다. U보트의 승리는 엄청나게 어렵다!

위해서다.

잠수함 위치 보고

71 _ 모든 메시지에는 잠수함의 현 위치 보고가 들어가 있어야 한다.

D/F(방향 탐지)에 피탐지될 위험

72 _ 적은 아마도 잘 만들어져 효율이 뛰어난 D/F 장비를 가지고 있을지도 모른다. 함정에는 없어도 최소한 본토에는 있을 수 있다. 이 장비는 잠수함에서 발신하는 전파를 다수의 탐지 장치로 탐지하여, 잠수함의 위치를 알아낸다. 메시지를 송신할 때는 언제나 이를 염두에 둬야 한다.

전파 송신 상태를 제외하면, 전파의 길이, 그리고 여러 전파 간의 교차각이 D/F의 위치 파악 정확도를 좌우한다.

영국 해안 인근에서는 중간 길이의 무선 메시지를 보내면 대부분의 경우 적의 D/F에 의해 매우 정확히 위치를 파악당한다. 영불해협과 그 인근 해역, 펜틀랜드 퍼스로 가는 진입로, 오크니 제도 동부와 서부에서는 매우 주의해야 한다. 이런 곳에서 D/F에 의해 위치를 파악당하면 바로 적의 대잠 함정과 항공기가 출동해 온다. 영국 본토에서 200km 이상 떨어진 원해의 경우라면 D/F에 탐지되었다고 해서 적이 신속히 반응하지는 않는다.

메시지를 짧게 송신할수록 적이 잠수함의 위치를 파악하기는 어려워진다. 그러나 완전히 불가능하지는 않다는 것을 염두에 둬야 한다.

73 _ 공란
74 _ 공란

D. 잠수함 운용의 한계

75 _ 잠수함 작전 기간은 그 바다에서 머무를 수 있는 기간(연료와 식량 등)에 좌우된다. 또한 함장과 승조원의 숙련도도 작전 기간에 영향을 준다. 작전의 성격(철저히 방어된 적 해안에 근접한 기뢰 부설 작전과, 대해에 나가 적 상선단을 공격하는 작전은 기간이 다를 수밖에 없다)과 적 대응책도 영향을 준다.

76 _ 강력한 대잠 장비를 갖춘 적에 맞서 작전하는 잠수함들은 정해진 위치에 오래 머무를 수 없다. 임무 일시 정지, 착저, 잠항 등의 행동 시기와 기간은 함장의 판단에 맡긴다.

77 _ 잠수함의 작전 속도는 적의 대잠 전력(수상 및 항공)의 반응에 따라 크게 저하될 수 있다. 반대로 다른 요인에 의해 향상될 수도 있다. 작전 속도는 해상 상태, 일광 시간 등의 요소에도 영향을 받는다.
따라서 장거리 작전 시 속도는 대략적으로 추산할 수 있을 뿐이다. 소형 잠수함이 최상의 연비를 내는 속도는 5~6노트다. 중형 및 대형 잠수함이 최상의 연비를 내는 속도는 6~7노트다.

78 _ 거친 해상 상태는 전쟁무기로서의 잠수함의 기능을 제한한다.
    a. 수중 어뢰 발사의 경우 해상 상태가 일정 수준 이상으로 나쁘면 잠망경 수심을 유지하기 어렵다. 이렇게 되는 해상 상태는 소형 잠수함의 경우 5급이나 6급, 중형 및 대형 잠수함의 경우 6급이나 7급 정도다.

b. 수상 어뢰 발사의 경우 이보다 덜 거친 해상 상태에서도 기동성이 악화되어 배의 평형을 유지하기 어렵다.

c. 함포 사격의 경우 바다가 거칠면 포요원 배치부터가 불가능하다.

79 _ 수심 20m 이내에서 작전 중이던 잠수함의 경우, 적에게 탐지당하면 전투에서 진 것으로 간주되어야 한다. 그러나 전쟁 중의 경험에 따르면 이

독일 잠수함은 잘 보이지 않는다. 이것은 엄청난 장점이다. 독일 잠수함은 주변의 바다와 구분하기가 어렵다. 공제선 위로 떠오르는 실루엣이 별로 없고, 이는 야간에 더욱 확연하다. 반면, 높이가 낮기 때문에 높이가 더 높은 배에 비해 관측 가능 거리가 길지 못하다는 단점도 있다. 그리고 견시 인원은 바다가 조금만 출렁거려도 홀딱 젖는다. 그리고 기상 상태가 나쁘면 그야말로 물에 잠겼다가 나오기를 반복한다. 이는 파도를 거슬러 항해할 때 더욱 심하다. 많은 승조원이 안전벨트를 하고 있었음에도 견시 중 바다에 빠진다. U보트 승조원들은 강하다. 그들은 거친 자연에 맞서 스스로의 가치를 증명하고 적을 제압할 수 있도록 강인하게 훈련받았고, 그 사실에 자부심을 느끼고 있다.

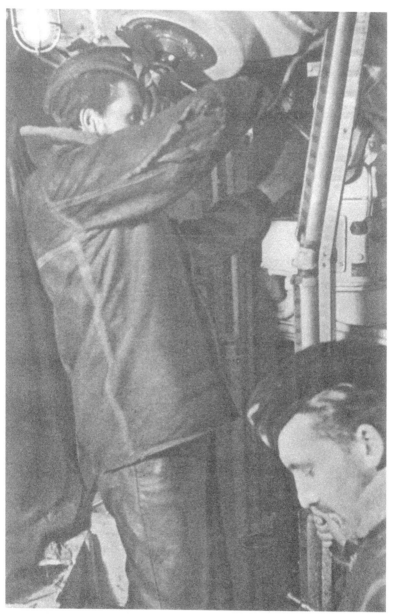

드디어 기회가 왔다. 오랫동안 주의 깊게 적을 관찰한 끝에, 그들을 앞질러 가는 데 성공했다. 공격 시작이다. U보트는 잠항을 시작한다. 이 하사관은 지휘통제실의 충수 벤트를 조작하고 있다. 잠수함은 함장이 지시한 수심까지 수심을 낮추게 되며, 이후에는 더 깊이 들어가지 않고 기관장의 지시에 따라 수심을 유지한다.

러한 상황에서도 적의 추적을 성공적으로 따돌린 사례들이 있다. 똑똑하고 냉정한 지휘관과 늘 한결같은 승조원들이 있다면 가능하다. 1940년 봄 U-9가, 1942년 봄 U-123, U-333이 이러한 사례를 보였다.

잠수함은 보통 수심 16m 이내에서는 운용되지 않는다.

80_ 공란

81_ 공란

82_ 공란

83_ 공란

84_ 공란

85_ 공란

86_ 공란

87_ 공란

88_ 공란

89_ 공란

90_ 공란

제2장

잠항 시 어뢰 공격

A. 잠항 시 어뢰 공격의 주요 원칙

91 _ 잠항 시 어뢰 공격의 목표는 단거리에서 명중 확률이 높게 어뢰를 기습 발사하는 것이다. 잠수함과 표적과의 거리가 짧을수록, 표적의 속도와 침로, 미래 위치를 더 정확하게 계산할 수 있다. 또한 표적과의 거리가 짧으면 사소한 오산을 할지라도 명중률에 주는 악영향이 크지 않다. 어뢰 접근을 알아챈 적이 침로 변경 등 대응책을 쓴다고 해도 이미 피할 시간이 없는 등 그 효과가 감소된다.

92 _ 어뢰 공격 시 사거리의 최소한계는 어뢰가 적정 수심에서 원하는 침로를 잡기까지의 주행거리, 그리고 안전거리에 의해 결정된다. 안전거리란, 발사한 어뢰가 표적에 명중해 폭발해도 잠수함이 피해를 입지 않는 거리다. 만약 표적과의 거리가 300m 이하라면 절대 어뢰 공격을 해서는 안된다.

93 _ 잠망경을 신중하고도 은밀하게 사용하고, 결단력 있게 어뢰를 발사하고, 어뢰의 항적이 보이지 않아야 적에게 들키지 않고 공격할 수 있다.

94 _ 적의 청음기와 ASDIC의 효율은 해상 상태, 해수의 특성(성층 조건 등), 적의 속도(제1, 2, 3장 참조), 적 승조원의 주의력 등에 따라 달라진다. 적 청음기와 ASDIC에 탐지될 우려 때문에 근거리 공격을 기피해서는 안 된다.

95 _ 저속 또는 중속으로 항주하는 표적을 근거리에서 공격할 때는 표적 각도가 90도인 것이 탄도학적으로 좋다. 근거리에서는 위치 계산 오류를 일으켜도 악영향이 적기 때문이다. 또한 저속 또는 중속 표적은 이 위치에 가장 잘 들어맞는다. 그러나 사거리가 길고(1,000m 이상) 표적 속도가 고속이라면 표적 각도는 더 좁은 60도로 해야 한다.

96 _ 지속적인 후속 방위 변경 측정을 포함한 거리 측정이 어려울 경우, 공격 실행은 잠항 공격을 준비하는 도중 시각 관측으로 얻은 표적의 특징, 또는 잠항 중 획득한 표적의 특징에 기반을 둬야 한다. 여기서 말하는 표적의 특징이란 위치, 속도, 거리다. 잠수함 함교탑 높이에서, 또는 잠망경에 붙은 망원경을 이용해서 표적의 특징을 구하는 것은 어렵다. 따라서 지속적인 훈련을 통해 능숙해져야 한다.

97 _ 잠수함이 태양을 등지고 있을 때가 표적 위치 계산이 가장 수월하다. 반대로 태양과 잠수함 사이에 표적이 있다면 어렵다.

98 _ 잠수함이 태양을 등지고 있을 때가 표적 속도 계산이 가장 수월하다. 표적의 속도를 계산할 때면 표적의 선수가 아닌 선미 쪽 바다를 특히 주의해야 한다. 왜냐하면 표적의 선수 모양이 좁고 뾰족할 경우 선수에만 집

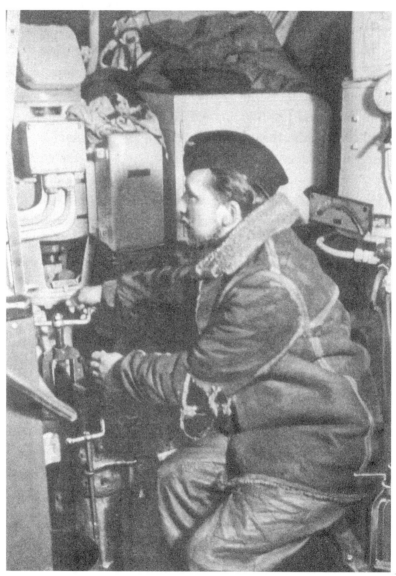

잠항을 위해 디젤 엔진을 껐다. 함내는 갑자기 이상하리만치 조용해졌다. 기관실의 하사관이 전기 모터로 전환하는 스위치를 조작하고 있다. 잠항 시 동력은 전기 모터가 제공하게 된다. 공기가 없는 수중에서는 디젤 엔진을 쓸 수 없기 때문이다. 수상에서 디젤 엔진을 쓸 때와 마찬가지로 모든 명령은 기관 텔레그래프로 전달된다. 기관 텔레그래프는 날카로운 소리를 내서 명령이 왔음을 알린다. 그 바늘은 지시된 속도를 가리킨다. 하사관은 기관 텔레그래프의 내용을 읽고, 그에 맞는 조작을 했음을 알린다.

중하다 보면 표적의 움직임을 잘 읽지 못할 수 있다. 게다가 선미는 선수에 비해 움직임을 오판할 수 있게끔 위장하기가 어렵다.

표적의 속도를 계산할 때면 파도 방향에 대한 상대 침로, 방위 변경을 염두에 둬야 한다.

99_ 표적과의 거리를 알기 위해서는 모든 기회를 놓치지 않아야 한다. 표적 거리 계산 시 시정 조건은 중요한 요소다. 날씨가 좋고, 잠수함이 태양을 업은 상태라면 표적과의 거리를 실제보다 짧게 계산하기 쉽다. 날씨가 나빠 시정이 짧고, 표적이 태양을 업고 있거나, 새벽 또는 해질녘의 박명, 월광 등의 조건이 주어지면 표적과의 거리를 실제보다 길게 계산하기 쉽다.

100_ 공격의 호조건은 다음과 같다.

    a. 잠수함이 태양을 업고 있을 때: 이럴 때는 어뢰 발사 장교는 눈부심 없이 표적의 윤곽을 뚜렷이 볼 수 있다. 표적에서는 잠수함의 잠망경이 올려져 있어도, 수면에 반사되어 빛나는 태양빛 때문에 보이지 않는다. 그리고 어뢰의 항적도 명중이 확실할 때까지 보이지 않는다.

    b. 잠수함이 바람을 안고 움직일 때: 잠망경은 바다와 함께 움직여야 한다. 즉 파도를 업고 움직이라는 이야기다. 그리고 잠망경을 낮은 높이로 올리면 파도가 잠망경을 둘러싸기 때문에 항적과 비말이 잘 생기지 않는다. 또한 이런 상태에서는 적의 견시는 바람을 안고 있게 된다. 이 상태에서 특히 바람이 세거나 비가 많이 올 경우 견시를 보기가 어려워진다. 다만 잠수함이 바람을 안

고 파도를 업고 가는 쪽으로 진행할 경우 바람의 강도가 세지 않다면 후방 어뢰 발사관으로 어뢰를 발사하는 것은 피한다. 그리고 잠수함이 바람과 파도를 동시에 안고 가는 쪽으로 진행할 경우 잠수함이 속도가 느리더라도 잠망경은 적의 시선을 확 끄는 항적을 남기게 된다. 그러나 바람이 매우 세다면 이때는 후방 어뢰 발사관을 사용하기에 더욱 유리하다. 적함의 견시는 바람이 불어오는 쪽보다는 바람이 불어가는 쪽을 더 잘 볼 수 있기 때문이다.

c. 풍속 등급이 3~4급, 해상 상태가 2~3급일 때가 어뢰 공격의 최적기다. 바닷물이 낮은 높이로 올린 잠망경을 감춰 주면서도 적을 보는 데 지장을 주지는 않는다. 또한 수심 조절 장치의 작동에도 악영향이 없다.

101 _ 공격의 악조건은 다음과 같다.

a. 해상 상태가 좋지 않아 큰 파도가 칠 때: 이럴 때 잠수함은 정확한 공격 수심을 유지하기 어렵다. 이럴 때 수심 조절 장치의 성능이 좋지 않은 잠수함은 공격 자체가 불가능하기도 하다(제1장 D 제78번 항목을 참조하라). 바다가 거칠 경우 파도와 같은 방향으로 공격하는 것이 수심 조절과 어뢰의 침로 및 심도 조절에 유리하다.

b. 바다가 너무 고요할 때: 이럴 때면 잠망경을 낮은 높이로 올려도 적의 눈에 잘 띄는 항적이 생긴다. 다만 잠수함이 태양이나 박명, 월광을 업고 있을 때는 해볼 만하다.

c. 잠수함이 시커먼 뇌운을 업고 있을 때: 이럴 때면 아무리 공들여

기관장이 지시한다. "100리터 배수하라!" 통제실의 승조원이 배수구를 열면 전기 펌프가 작동음을 내기 시작한다. 계기를 보고 필요한 양의 물이 빠져나간 것을 파악한 승조원은 바로 배수구를 닫는다. 그는 계기의 내용을 보고한다. "100리터 배수 완료!"

위장을 칠한 잠망경도 그냥 흰색으로 보인다.

d. 잠수함이 태양을 안고 있을 때: 표적의 속도, 위치, 거리 계산부터가 잘 안 된다. 또한 잠망경의 렌즈에 태양빛이 반사되면서 적의 주의를 끌 위험성도 있다.

102_ 공란

103_ 공란

104_ 공란

B. 잠항 시 공격 준비

105_ 공격의 주요 원칙은 다음과 같다.

a. 초계 중인 잠수함 함장은 표적이 없을 때는 언제나 주의력과 모든 것을 의심해 보는 태도를 지녀야 한다. 그리고 일단 표적이 발견되면 모든 것을 공격에 투입할 수 있어야 한다.

b. 표적이 발견되면 주의 깊게 접근한다. 공격이 시작되면 적이 전멸하고 승리를 거둘 때까지 불굴의 결단력과 침착함이 필요하다. 공격 중에는 공격을 중단하고 이탈하고 싶은 핑곗거리가 생길 수도 있다. 그런 유혹을 뿌리칠 수 있는 자질이 필요하다.

c. 지금은 공격하기 좋은 때가 아니라고 스스로를 속이지 말라. 적을 공격할 때는 최대한의 결의로 임하라. 나중을 기다려 봐야 더 좋은 표적은 나오지 않는다. 지금 눈앞에 보이는 것이 세상의 전부다. 연료를 아껴야 한다는 등의 핑계도 대지 말라.

d. 공격은 반드시 필요한 경우 외에는 연기되어서는 안 된다. 예를

들어 박명 시 너무 어두워 잠항 시 어뢰 공격이 어려우므로, 일몰 이후 부상 시 어뢰 공격을 시도, 더 큰 안전성과 공격 성공을 노리는 경우다.

e. 잠수함 공격 시에는 주야간을 불문하고, 최대한의 주의력과 신중함을 발휘해 어뢰 조준에 필요한 신뢰성 있는 데이터를 확보해야 한다. 수평선을 이용하여 변위를 측정하고, 눈에 보이는 마스트의 크기를 16배로 늘려 계산한 다음 표적의 침로와 속도에 맞춰 표적을 앞질러라. 마구잡이로 즉각 공격하지 마라. 절대 명중시킬 수 없다.

f. 명중 확률이 없는 곳에서 공격해서는 안 된다. 현 위치에서 명중 확률이 없을 때에는, 냉정하게 기다리면서 앞질러 나가서 더욱 좋은 공격 위치를 잡아 주간 또는 야간 공격을 시도하라.

g. 적 구축함은 잠수함이 공격하기 어려운 표적이다. 속도가 빠르고, 선체 길이가 비교적 짧아서다. 적 잠수함 역시 공격하기 어렵다. 잠수함은 선고가 낮아 거리 측정도 어렵다. 함영이 작아 위치 파악도 어렵다. 따라서 적 구축함 및 잠수함에 대한 공격은 근거리에서만 실시한다. 또한 어뢰의 1발 사격은 안 되고, 반드시 여러 발을 부채꼴 각도로 발사해야 한다.

h. 전시에 실시되는 거리 측정값은 실제 거리보다 훨씬 더 가깝게 나오기 일쑤다. 야간에는 특히 더 그렇다. 따라서 적을 발견하더라도, 서둘러 공격하지 말고 일단 거리를 좁혀라. 잠수함은 근거리 전투 시 더욱 안전하다. 적 호위함은 적 상선 근처에 다짜고짜 폭뢰를 투하할 수 없기 때문이다.

106 _ 모든 잠항 시 어뢰 공격은 어뢰 발사의 기회를 잡자마자 가급적 일찍 할 수 있도록 준비 및 실행되는 것이 원칙이다. 망설이다 보면 좋은 공격 기회도 사라진다. 잠수함은 여건이 허용하는 한 늘 적을 찾아 다녀야 한다. 적이 올 것 같은 곳에 미리 매복해서 기다리기만 하는 것은 좋지 않다.

함장이 지시한다. "수심, 잠망경 수심으로 유지!" 거친 바다에서 이는 쉽지 않다. 두 조타수의 등 뒤에서 기관장이 계기를 보며 배의 위치를 확인하고 있다. 그는 배의 수심을 잠망경 수심에 맞추기 위해 계속 물을 충수 또는 배수하고, 방향타 및 함수와 함미의 잠타를 적절히 조절한다.

107 _ 함장은 머리 회전이 빠르고, 결단력이 있고, 다재다능해야 한다. 또한 주어진 환경에 가장 적절한 공격 수단을 골라 가장 빠르게 승리를 얻을 수 있어야 한다. 적이 사거리 내에 있는 한 잠수함은 언제나 어뢰를 발사할 수 있어야 한다. 적이 침로 변경 등 대응책을 구사하는 경우나, 가장 적합한 어뢰 발사 위치(표적 각도 90도 등)에 도달하지 못한 때라도 마찬가지다. 함장은 눈에 보이는 표적에만 정신이 팔려 좋은 위치를 잡는 데만 너무 집중해서는 안 된다.

108 _ 잠수함은 잠항 시 속도가 느리다. 따라서 적의 진행 방향 앞쪽에 잠수함이 있어야 잠항 시 공격에 유리하다. 잠항 시 공격의 시작점은 적의 진행 방향 훨씬 앞쪽이어야 한다. 적과의 거리는 멀어야 한다. 시정과 공격 조건이 정상일 경우 잠수함은 적의 진행 방향에 대해 0 위치에 도달할 때까지 잠항을 시작해서는 안 된다.

109 _ 잠수함이 아직 적의 예상 침로상에 있지 않는데 적이 보일 경우 부상해서 최대 속도로 원하는 위치에 가야 한다. 적을 앞질러 갈 때 가장 적절한 수렴 침로는, 잠수함이 적의 측면보다는 적의 전방에 더 가까울 경우 언제나 시각 방위에 대해 직각인 침로다.

110 _ 적의 예상 침로상에 도달할 때도 잠수함의 가장 큰 자산인 은밀성을 포기해서는 안 된다. 따라서 쾌청한 날씨의 주간인 경우 잠수함은 적함의 마스트 꼭대기가 보이는 거리 이내로 적함에 접근해서는 안 된다. 적함 마스트에 배치된 견시와, 전방 마스트 상단의 거리 측정기에 대해서는 제1장 B 제25번 항목을 참조하라.

111 _ 해역에 따른 시정 차이에 주의를 기울여야 한다. 잠수함은 상황에 따라서는 발견되지 않고 수상함에 더 가까이 접근할 수도 있다. 공기가 언제나 깨끗한 것은 아니며, 수평선에도 안개가 끼어 불명확하게 보이는 경우가 많기 때문이다. 대서양에서는 잠수함이 파도에 떠밀려 들려 올라가는 경우가 많은데, 그 전에 상당히 오랜 시간 동안 적에게 발견되지 않았어도 이때 바로 적에게 발견될 수 있다.

버튼 앞에 앉아 있는 잠타기 담당 조타수들. 이들은 기포관 수평계를 통해 잠수함의 무게 분배 변동 상황을 관찰하고 있다. 그에 맞춰 상승 또는 하강 버튼을 누른다. 만약 전기 체계에 문제가 생긴다면 앞에 보이는 큰 수동식 타기를 이용해 타를 조작한다. 이들의 주위, 그러니까 지휘통제실의 벽에는 눈이 돌아갈 만큼 많은 밸브와 압력계들이 있다. 이곳이야말로 잠수함의 두뇌인 셈이다.

112 _ 앞지르기 기동에는 높은 전술 능력이 필요하다. 앞지르기 기동이 성공해야 잠항 시 어뢰 공격, 더 나아가서 작전의 성공도 가능하다. 전술의 집약체나 다름없는 앞지르기 기동은 전적으로 함장의 능력에 따라 성패가 정해진다. 따라서 그 준비와 실행에는 함장의 끊임없는 주의가 필요하다.

113 _ 주간 내내 시정 조건이 애매한 가운데 잠수함을 적의 진행 방향 앞에 갖다 놓는 것은 매우 시간이 많이 걸리고 피곤한 일이다. 적을 계속 수평선 위에 두면서, 끊임없이 움직여야 한다. 수평선 위에 드러난 적함의 마스트 끄트머리가 작아질 때마다 접근하고, 커질 때마다 방향 전환을 해야 한다. 대서양상의 적을 앞지르기 위한 이 힘든 움직임은 여러 시간이 걸릴 때도 있다. 그리고 그 진행에 시간이 많이 걸린다고 해도, 불굴의 의지와, 적을 놓치지 않겠다는 굳은 다짐이 있어야 승리를 거둘 수 있다. 적의 침로 변경이나, 엔진 고장 등의 외부 효과는 상황을 잠수함에 유리하게 만들 수도 있다.

114 _ 앞지르기 기동 시에는 언제나 잠수함 자체의 침로를 철저히 관찰하고, 적함의 방향 탐지를 정확히 실시하며, 정기적으로 적과의 거리와 적의 위치를 정확히 파악하여 적의 특징(침로와 속도, 지그재그 항로의 양상 등)을 획득해야 한다. 이러한 특징은 언제나 잠항 시보다는 부상 시에 더욱 신뢰성 있게 획득할 수 있다.

115 _ 적의 방위가 거의 변하지 않더라도 앞지르기 기동과 공격을 포기해서는 안 된다. 문제 때문에 지치지 말라!

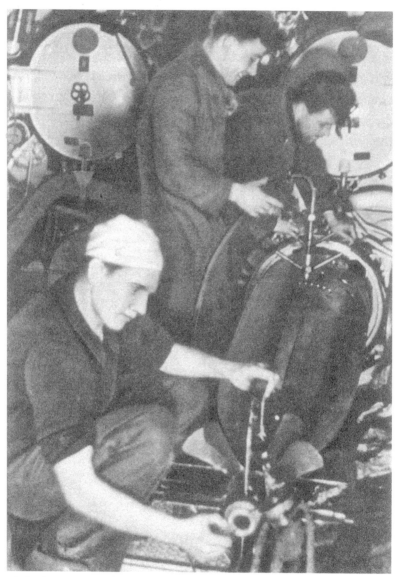

어뢰는 〈장어〉라는 별명으로 불린다. 보기에 따라서는 고등어와 더 비슷해 보이기도
하지만. 아무튼 늘 점검해 줘야 한다. 어뢰는 일반적인 총탄이나 포탄과는 성격이 많
이 다른 탄약이다. 폭발물을 싣고 자체적으로 방향전환이 가능한 작은 배에 더 가깝
다. 다이너마이트를 실은 배다. 사진 속에서는 병기사와 두 수병이 어뢰를 정비하고
있다. 발사관에 장전되어 있던 어뢰를 반쯤 끄집어내어 세심한 정비를 통해 언제라도
발사 가능하게 유지하는 것이다.

116 _ 공란

117 _ 잠수함은 선고가 낮고 잠항 시 속도가 느리다. 그 점을 감안할 때 주간 앞지르기 기동의 성패는 적을 발견했을 때의 적의 속도와 위치에 달려 있다. 적의 호위함들이 호송대 본진에 비해 꽤 멀리 앞에 있어 잠수함이 서둘러 자주 잠항할 수밖에 없다면, 안 그래도 느린 잠수함의 속도는 더욱 느려진다. 그리고 앞지르기 기동은 더욱 크게 어려워진다. 그러나 이러한 상황에서도 함장은 결의를 보이고, 불필요하게 물러서지 않아야 한다.

118 _ 잠수함이 적의 호위함 등에 의해 자주 잠항할 수밖에 없다면 너무 오래 잠항해서는 안 된다. 잠항해 있더라도 기회가 되는 한 부상하라. 그래야 적을 더 잘 관찰할 수 있고 타당한 이유 없이 귀중한 시간을 낭비하지 않는다.

119 _ 스콜이나 비 등으로 갑자기 시정이 악화될 때는 주의해야 한다. 이때 잠수함이 잠항을 했다가는 시정이 개선되었을 때 적을 보지 못한 채 갑자기 적 근처에 있을 수 있다.

120 _ 잠수함이 적의 예상 항로 앞의 필요한 지점, 즉 대략적인 적 예상 항로에 대해 역방향 탐지 지점에 도달한다면(제108번 항목 참조) 부상 또는 잠항을 통해 적을 향해 나아가야 한다. 그러면서 적이 공격을 피하려고 상대 위치나 침로를 바꾸기 전에 기회가 되는 대로 어뢰를 발사하려 시도해야 한다.

121 _ 공란

122 _ 공란

123 _ 공란

124 _ 공란

C. 잠항 시 공격 실행

125 _ (제1장 B 제31번 항목에서도 다룬) 잠망경의 인색한 이용이란, 잠망경을 짧게 자주 올리고, 올려도 수면까지만 올려서 수면 위로 노출되는 부분이 주먹 크기를 안 넘게 하고, 렌즈가 계속 물에 닿게 하는 것을 의미한다. 잠망경을 사용하기 시작하는 적과의 거리는 기상 및 조명 상황에 따라서 약 4,000~5,000m다. 그러나 적과의 거리가 가까워졌는데 잠망경을 너무 오랫동안 내리고 있는 것은 좋지 않다. 적과 거리가 가깝다면 잠망경을 전혀 사용하지 않는다고 해서 발견될 확률이 딱히 낮아지지도 않는다. 오히려 잠망경을 쓰지 않으면 적을 제대로 보지 못해 더 큰 위험을 초래할 수도 있다. 따라서 잠수함은 어떠한 경우에도 짧지만 자주 잠망경을 사용해 적을 살펴야 한다.

126 _ 잠망경은 잠수함의 속도가 느릴 때만 사용해야 한다. 따라서 잠망경을 올리기 전에 속도부터 줄여야 한다. 속도가 빠를 경우, 바다가 잔잔하다면 잠망경이 눈에 잘 띄는 항적을 일으킬 수 있다. 게다가 물보라까지 일으켜 더욱 눈에 잘 보일 수도 있다.

127 _ 부득이한 이유, 예를 들어 공격에 유리한 위치로 신속히 이동해야

한다거나 하여 속도를 높일 때는 잠망경을 반드시 내려야 한다. 이때 잠망경의 꼭대기는 수심 1m 이하여야 한다. 그러나 잠수함이 공격 수심에 들어갔을 때는 잠망경을 필요 이상으로 내려서는 안 된다. 그랬다가는 다시 올리는 데 시간이 낭비되기 때문이다.

128 _ 바다가 잔잔할 경우 잠수함의 스크루 프로펠러는 수면 위에서도 보이는 물결을 만들어낸다. 그러나 부득이한 이유로 속도를 줄일 수 없을 때는 잠망경을 반드시 내려야 한다. 그리고 적과의 거리가 가까워 물결이 생겨도 상관없다면 잠수함의 수심은 18m까지 낮춰야 한다.

129 _ 공격의 끝, 즉 어뢰 발사 직전이 되면 어뢰 발사 장교는 적함의 연돌과 마스트 끄트머리만 보고도 적의 침로와 위치에 대한 계산을 끝내 놓아야 한다.

130 _ 거리 측정을 위해서는 잠망경의 배율을 1배율로 하라. 6배율로 하면 거리 측정을 할 수 없다.

　잠망경의 6배율 기능은 꼭 필요할 때(적함의 세부 형태를 관찰한다든지, 적함의 침로와 속도를 계산하는 등)만 일시적으로 사용하는 것이 원칙이다. 이 기능은 공격을 위한 거리 측정용으로는 절대 사용할 수 없다.

131 _ 약 2,000~4,000m 거리에서는 적의 속도와 위치에 따라 공격을 시작한다.

　다음 원칙은 적의 측면에서 어뢰 공격을 가할 때 적시에 적과의 거리를 계산하는 데 도움이 된다.

위치 5도에서 적과의 측면 거리는 순간 거리의 1/10이다. 위치 10도에서는 1/5, 위치 15도에서는 1/4, 위치 20도에서는 1/3, 위치 30도에서는 1/2이 된다.

132_ 공격 중 적 청음기에 발견될 위험성이 있다. 상황이 허락하는 한 속도를 가급적 낮춘다거나 함내 완전 침묵(제1장 B 2) 및 3) 참조)을 실시한다거나 하는 식으로 대응해야 한다.

133_ 잠항 시 공격은 새벽 및 일몰 시, 유월광 야간에도 실행 가능하다. 이러한 경우 다음 사항을 준수해야 한다.

    a. 함교탑과 지휘통제실의 완전한 등화관제를 실시해야 한다. 그렇지 않으면 잠망경을 통해 빛이 상당량 외부로 새어나갈 수 있다.

    b. 잠망경을 사용한 야간 거리 및 위치 측정은 매우 어렵다. 잠수함과 적과의 거리는 보이는 것 이상으로 가까워질 수 있다.

    c. 야간에는 잠망경은 항상 1배율로만 운용되어야 한다. 배율이 낮을수록 광학 체계의 성능을 십분 활용할 수 있다.

    d. 공격할 적에 대한 관측, 그리고 근처의 다른 배들과의 상대 위치를 알기 위한 전방위 관측은 경우에 따라 각각 개별적으로 실시될 수도 있다.

134_ 적함의 밀집 대형을 공격할 기회는 드물다. 그러나 이런 기회가 주어지면 반드시 어뢰 전탄 사격을 해야 한다. 설령 적의 호위함 세력이 강력하더라도 말이다. 밀집 대형으로 모여 있는 적함 중 1척을 공격해야 하며, 공격 수단은 표적 위치에 맞는 방식으로, 표적을 반드시 파괴하기 위

잠항 시 디젤 엔진실은 조용하다. 기관 당직도 잡지를 볼 시간이 생겼다. 이미 여러 차례 읽었지만 말이다. 전에 봤을 때 뭔가 놓친 부분은 없었을까? 잡지 외에 인기 소설을 읽기도 한다.

해 잘 계산된 것이어야 한다. 그리고 첫 번째 적함을 공격 후 기회가 주어지는 대로 가급적 빨리 두 번째와 세 번째 적함도 공격해야 한다.

135 _ 원거리에서, 그리고 잠망경 수심에서는 적함의 밀집 대형을 알아보기 어렵다. 적의 대형이 크다면, 또는 뭉툭한 대형이거나 측면이 넓거나, 2열 종대이거나, 대형이 산만하다거나 하다면 적의 대형 앞쪽에서 뛰어든 다음 적절한 각도에서 어뢰를 발사하는 것이 좋다. 이 위치의 이점은 적의

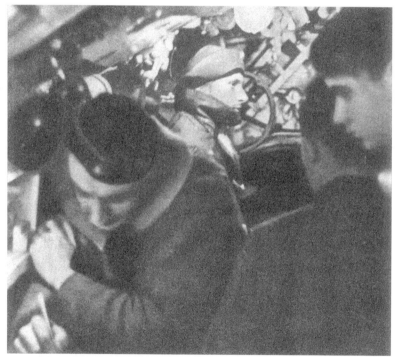

함장은 이미 방수복을 입고 지휘통제실에서 대기 중이다. 가장 먼저 함교탑으로 올라가야 하기 때문이다. 그는 이렇게 지시한다. "잠망경 수심으로!" 잠망경 수심이 되면 그는 잠망경으로 수면 밖을 보고 명령을 내린다. 앞에서는 지휘통제실 하사관이 모든 기관 및 타 관련 지시를 시간별로 기록한다. 그래야 나중에 항법사가 배가 지나온 항로를 계산할 수 있기 때문이다. 기관장 앞에는 지휘통제실 수병이 있다. 그는 기관 상태를 함장에게 보고할 준비를 갖추고 있다.

방어력과 주의력을 상당 부분 무력화시킬 수 있고, 공격 시 신중함을 최대한 발휘할 수 있다는 것이다.

각진 모양의 대형을 공격할 경우, 표적들이 겹치는 대형 측면이 좋다. 또한 측면에서 공격할 시 적함의 충돌 공격을 당할 위험도 낮으므로 더욱 신중하게 공격에 임할 수 있다.

136 _ 호송대 공격 중 적 호위함의 충돌 공격이나 항공기에 의한 발견을 피하기 위해 수심 20m로 긴급 잠항해야 할 경우라도, 공격을 반드시 포기해야 할 이유는 되지 않는다. 수심 20m로 잠항하는 잠수함은 공격 방향상의 위치를 잃을 수 있다. 그럴 경우에는 전속력으로 호송대에서 멀어진 다음, 적의 침로와 거의 차이가 나지 않는 침로로 돌아가 호송대 바깥에서 공격을 재개할 것을 권한다. 적의 호송대이 길다면 호송대 최후미의 배를 공격할 기회는 언제나 있다.

137 _ 공란

138 _ 공란

139 _ 공란

140 _ 공란

D. 공격 수단: 잠항 시 어뢰 발사

141 _ 통상적인 잠항 시 공격은 최대 사거리에서 사격 통제 체계의 지원을 받아 이루어진다. 그러나 사격 통제 체계 전체가 고장이 났거나, 기타 원인을 알 수 없는 문제가 발생했을 경우 타당한 함수 어뢰 공격을 실시

해야 한다. 함장은 다음 공격 수단을 숙달하여 상황에 맞게 활용해야 한다.

1) 최대 사거리 공격

142_ 최대 사거리 공격의 이점은 다음과 같다.

a. 함장이 공격 방향을 계산할 필요가 없다. 따라서 공격에 유리한 침로로 기동할 필요도 없고, 오직 공격에 유리한 위치를 확보하는 데만 주의를 기울일 수 있다. 그는 최대 사거리에서 발사되는 어뢰의 발사각 내에 표적을 넣기만 하면 된다.

b. 어뢰 발사 기회가 더 많다. 어뢰의 발사각 범위도 온전히 활용할 수 있다. 또한 어떤 방향으로도 어뢰를 발사할 수 있다.

c. 사격 통제 체계는 어뢰 발사관의 시차를 고려하므로 사격 데이터가 정확하다면 마킹 지점은 보통 표적 중심에 일치한다.

d. 사거리를 언제나 읽을 수 있으므로 잠수함의 분산 각도와 선회 반경을 신속히 조준 각도 보정에 적용하여 사격 통제 체계에 입력할 수 있다.

e. 적의 빠른 속도, 잦은 침로 변경 등 신속히 변화하는 어려운 상황도 사격 통제 체계를 사용하여 극복할 수 있다. 같은 상황에서 사격 통제 체계를 사용할 수 없는 잠수함은 수중에서 신속한 선회가 불가능하기 때문에 어뢰 공격을 단념할 수밖에 없다.

143_ 최대 사거리 어뢰 공격의 큰 어려움은 명중률 향상을 위한 사거리 계산이 어렵다는 것으로, 이는 전방위 공격에도 적용된다. 특히 정확한 거

잠항 중 통신 하사관은 자기 근무 위치에 앉아 주변의 소리를 듣는다. 그는 이어폰을
착용하고 청음기 앞에 앉아 있다. 그는 모든 방향에 걸쳐 천천히 청음을 실시한다.

리 불명 및 기동 간 사격 시에는 정확한 사거리 계산이 어렵다면 가급적 적은 각도로 사격해야 잘못된 명중 값으로 인해 표적을 놓치는 일이 없다. 각도가 크다면, 특히 사거리가 1,000m 이내인 경우 거리를 잘못 계산했다면 명중 계산 오류 때문에 표적 측정이 제대로 되지 않는다.

144_ 사실, 잠항 시 실시되는 최대 사거리 공격은 타당한 함수 공격과는 달리 복잡한 기계 장치와 다수의 승조원을 사용한다. 따라서 오류가 발생

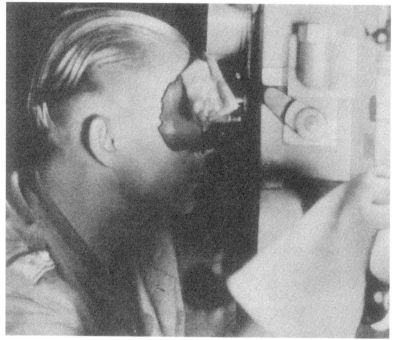

"잠망경을 올려라!" 지시를 내리자마자 잠망경의 대물렌즈가 수면 위로 박차고 올라간다. 너무 늦게, 너무 많이 올라가면 적에게 발각당하므로, 최소한도의 잠망경 사용 시간으로도 적을 정확하게 조준할 수 있어야 한다. 함장은 계산을 검산하고 어뢰의 설정을 보정하며 어뢰 발사 명령을 내린다. 그는 훈련과 경험을 통해 초인적인 집중력과 신속한 이해력을 얻어야 한다. 또한 어뢰를 정확하게 발사하려면 구체적인 상상력도 발휘할 수 있어야 한다. 그리고 작전에 성공하려면 기관장 및 장비를 다루는 모든 승조원과 빈틈없는 팀워크를 구사할 수 있어야 한다.

할 가능성도 높다. 그러므로 평상시 모든 조작원들에게 충분한 교육훈련을 실시하고, 장비의 상태에도 주의를 기울여야 한다.

145 _ 사격 통제 체계의 전기 체계가 작동하지 않을 경우, 함수, 함미, 각도 공격 등의 원시적인 방식부터 바로 사용할 필요는 없다. 대신 함내의 예비 전력을 최대한 사용하라. 또한 기계식 사격 각도 계산기로 예측 변수를 구하라. 사격 통제 체계의 전기 체계가 고장날 경우를 대비한 비상 절차를 충분히 훈련해야 한다.

2) 타당한 함수 어뢰 공격

146 _ 절차

  a. 적의 위치와 방위를 통해 적의 침로를 구하라.

  b. 적의 속도를 구하라.

  c. 필요한 사격 위치를 알기 위해 방향지시기 각도를 확인하라.

  d. 잠수함의 침로를 공격 침로로 바꿔라. 공격 침로값은 적의 교차 방향 탐지값 + 좌현 또는 우현(적함의 좌현 또는 우현 중 어느 쪽을 명중시킬 것인가에 따라 바뀐다) 방향지시기 각도값이다. 더 좁은 각도에서 공격할 생각이라면, 표적의 대각 방위 대신 어뢰 발사 시의 위치 방위를 정해 공격 침로를 계산해야 한다.

  e. 공격 방향의 앞이나 뒤를 유지하면서 잠수함은 침로의 옆으로 달라붙어 표적과의 거리를 좁히고, 유리한 위치(약 90도 위치)를 점해야 한다. 이렇게 움직이면서 적 방위의 변화를 계속 관찰하고, 거리 계산을 반복하고, 잠망경을 틈틈이 사용해야 한다.

f. 적의 침로와 속도가 정확히 획득된다면 적이 D3A에 들어올 경우 90도 위치에 있는 것이다. 만약 그렇지 않다면 적이 더욱 유리한 위치에 있게 하도록 적과 접근, 또는 멀어지면서 선회를 하며 어뢰 발사 시점을 예상하거나 지연해야 한다.

3) 타당한 함미 어뢰 발사

147 _ 타당한 함미 어뢰 발사는 잠수함이 적의 바로 전방에 있을 때, 또는 적함의 침로가 갑자기 바뀌어 함수 어뢰 발사관을 쓰는 것보다 함미 어뢰 발사관을 쓰는 것이 더 나을 경우에만 가능하다.

절차:

a. 잠수함이 적함 앞에 있다면, 함미 어뢰 발사를 위해 기동, 표적에 접근해야 한다. 이 경우 잠수함이 공격 방향을 잡기 위해 움직이는 것이므로 방향지시기 각도의 두 배보다는 덜 돌게 된다. 따라서 표적 앞으로 움직이는 것은 표적을 따라 움직이는 것보다 낫다.

b. 적의 침로와 속도를 확인한다.

c. 필요한 사격 위치에 맞는 방향지시기 각도(90도 등)를 정한다.

d. 잠수함의 침로를 공격 침로로 바꿔라. 침로 변경은 적의 접근 속도에 맞춰 이뤄져야 한다. 너무 빨리 선회해서는 안 된다. 그랬다가는 사거리가 너무 멀어질 수 있다. 언제나 머리를 써라. 공격 방향은 교차 방향 탐지값에 대한 역방향 탐지값 + 적함의 좌현 또는 우현 중 어느 쪽을 명중시킬 것인가에 따라 (우현) – (좌현)

이것이 잠망경으로 보이는 적의 모습이다. 적함의 실루엣 대부분은 대서양의 파도 아래 숨어 있다. 바다가 고요하고 사거리가 짧은 경우라도 말이다. 함장은 관측에 가장 좋은 순간을 포착해 활용할 수 있어야 한다. 적을 관측하려다가 일찌감치 역탐지당하면 이제까지의 모든 노력이 허사가 된다. 어뢰는 속도가 느리고 사거리가 짧으므로, 너무 멀리서 발사해서는 안 된다. 그랬다가는 항해 중이던 적함이 어뢰가 명중하기도 전에 침로를 바꿀 수 있다.

방향지시기 각도값이다. 공격 각도가 60도 등으로 좁을 경우 적의 교차 방향 탐지의 역방향 탐지값 대신 어뢰를 발사할 것으로 예측되는 위치의 방향 탐지의 역방향 탐지값을 구해야 한다.

4) 각도 공격(자이로 각도 계산)

148 _ 각도 공격의 주요 장점은 다음과 같다.

    a. 잠수함의 공격 기동이 더욱 자유롭다. 그리고 타당한 함수 어뢰 발사를 할 때와는 달리, 반드시 적의 정면으로 접근하며 계속 적의 위치와 거리를 파악해야 할 필요가 없다.

    b. 타당한 함수 어뢰 공격을 가할 때보다 잠수함의 침로가 적 호위함의 침로와 마주칠 확률이 낮다.

    c. 너무 가까이에서 진행되는 함수 어뢰 공격이나, 적의 침로의 갑작스러운 변경의 경우에도 어뢰를 발사할 기회가 있다.

    d. 적의 대형이 넓은 경우, 적 대형이 잠수함을 추월하게 하면 각도 공격은 대형 양 측면의 여러 표적을 공격하기에 최적의 기회를 줄 것이다.

149 _ 각도 공격은 주로 i) 45도 사격 ii) 90도 사격 두 가지로 이루어진다. 함장이 공격 중에 필요한 계산을 수행할 수 있다면, 이 두 각도의 사격 때와 마찬가지로 특별한 사전 연습 없이 다른 각도 사격도 가능하다.

(1) 45도 각도 사격

150 _ 공격 실시 수단

a. 잠수함의 침로를 정하라.

① 함수 45도 각도 사격: 잠수함 함수가 적함의 침로와 같은 방향인 추격전의 경우다. 이때 공격 방향(침로)은 표적의 대각 방향 탐지값+표적의 좌현 또는 우현 중 공격하는 쪽에 따라 (우현) - (좌현)(45도+방향지시기 각도)이다. 각도가 더 좁은 위치, 예를 들어 표적의 대각 방향 탐지가 아닌 60도에서 발사하는 등의 경우, 사격 절차는 타당한 함수 어뢰 공격 절차와 마찬가지로, 어뢰 발사 위치에서 방향 탐지를 정해 공격 각도를 계산해야 한다. 통과 도중의 교전(잠수함 함수 방향이 적 침로와 반대 방향)인 경우의 공격 방향(침로)은 표적의 대각 방향 탐지-표적의 좌현 또는 우현 중 공격하는 쪽에 따라 (우현) + (좌현) (45도+방향지시기 각도)이다.

② 45도 함미 각도 사격:

• 잠수함 함수의 방향이 적함의 침로와 같은, 추격전의 경우 공격 방향은 적의 대각 방향 탐지에 대한 역방향 탐지+표적의 좌현 또는 우현 중 공격하는 쪽에 따라 (좌현)(45도 = 방향지시기 각도) - (우현)이다. 더 좁은 위치인 경우라면 침로(공격 방향)을 계산하는 절차는 앞에서 다른 공격 수단을 다루면서 설명한 것과 같다. 통과 도중의 교전(잠수함 함수 방향이 적 침로와 반대 방향)인 경우의 공격 방향(침로) 은 표적의 대각 방향 탐지에 대한 역방향 탐지-표적의 좌현 또는 우현 중 공격하는 쪽에 따라 (우현)(45도 = 방향지

시기 각도)-(좌현)이다.

- 방향지시기 각도를 설정하라. 잠망경 언저리의 눈금 다이 얼을 표적을 향한 0도에서 45도를 돌려라. 그다음 방향지 시기 각도를 45도 표지에서 표적 위치 쪽으로 맞춰라. 만약 표적의 침로가 잠수함의 좌현으로 간다면, 방향지시기 각도는 45도 표지의 왼쪽으로 설정되어야 한다. 표적의 침 로가 우현이라면 그 반대다. 잘 살펴야 할 점은 다음과 같 다. 어뢰가 선회하기 전, 표적과 같은 방향으로 가는 중에 방향지시기 각도는 언제나 45도 어뢰 각도의 밖에 있어야 한다(추격전 중의 함수 각도 공격, 또는 정면 접촉(en passant) 시의 함미 각도 공격의 경우, 어뢰가 선회 전, 표적의 반대 방향 으로 움직일 때 방향지시기 각도는 45도 어뢰 각도 내에 있다. 정면 접촉 시 함미 어뢰 발사관 공격, 추격전 중 함미 각도 공격 의 경우도 마찬가지다). 그러나 이 두 경우 방향지시기 각도 는 언제나 45도 표지에서부터 표적의 방향으로 설정되어 야 한다.
- 수렴 50의 경우, 전진할 때면 어뢰는 선회 전 표적의 반대 방향으로 움직인다(정면 접촉 교전 시 함수 각도 공격, 추격전 시 함미 각도 공격), 후진할 때면 어뢰는 선회 전 표적과 같 은 방향으로 움직인다(추격전 시 함수 각도 공격, 정면 접촉 교 전 시 함미 각도 공격).

(2) 90도 각도 사격

151 _ 90도 각도 사격은 소규모 접촉에만 사용해야 한다. 즉 어뢰가 선회

명중이다! 거대한 폭발이 바다를 뒤흔든다. 그것은 잠수함 내에서도 확실히 느낄 수 있다. 엄청난 부피의 물이 불과 연기, 배의 파편과 함께 하늘 높이 솟구친다. 물보라는 버섯구름 모양을 만들 때도 많다. 그리고 잠시 있다가 꺼진다. 그러나 화염과 연기는 계속 뿜어져 올라간다. 퍼지면서 하늘을 검게 물들인다. 적함의 선체는 물의 압력으로 깨졌다. 적함의 보일러가 터졌을 경우 더 큰 폭발 장면을 연출한다. 그럴 경우 화재가 일어나는 경우도 많다.

전에 표적과 같은 방향으로 움직일 때다. 큰 접촉을 위한 DA를 계산하는 것은 매우 힘들다. 특히 단거리 공격 시에는 더 그렇다.

따라서 수렴 변위가 적은 표적에 대한 90도 각도 공격은 추격전 시 함수 어뢰 공격이나, 정면 접촉 교전 시 함미 어뢰 공격 때에 사용한다.

152_ 절차

a. 잠수함을 공격 방향(침로)으로 둔다.

① 추격전 중 90도 함수 각도 사격 시 공격 방향(침로)은 대각 방향 탐지의 역 방향 탐지-표적의 좌현 또는 우현 중 공격하는 쪽에 따라 (우현) + (좌현)(90도 + 방향지시기 각도)다. 좁은 위치에서 공격할 때 공격 방향(침로)은 앞서 설명한 공격 수단과 같은 방식으로 계산한다. 즉 표적의 대각 방향 탐지 대신 어뢰 발사 위치의 방향 탐지(예를 들면 60도), 또는 방위의

어뢰의 공격을 받은 대형 유조선이 두 토막으로 갈라지고, 후속 화재를 일으켜 불타고 있다.

역방향 탐지를 계산에 사용하는 것이다.

② 정면 접촉 교전 시 90도 함미 각도 사격의 공격 방향(침로)는 표적의 대각 방향 탐지−표적의 좌현 또는 우현 중 공격하는 쪽에 따라 (우현)+(좌현)(90도−방향지시기 각도)다.

b. 방향지시기 각도를 설정하라. 잠망경 언저리의 눈금 다이얼을 표적을 향한 0도 표시에서 90도를 돌려라. 그다음 방향지시기 각도를 90도 표시에서 표적 위치로 맞춰라. 즉 표적 침로가 좌현을 향하고 있다면 방향지시기 각도는 90도 표시의 좌측에 설정되어야 한다. 그 반대도 마찬가지다(제146번 B 항목을 참조하라).

c. 최대 사거리 어뢰 공격 및 각도 사격 전반의 가장 큰 문제점은 명중률 향상의 기반이 되는 정확한 거리 계산이 어렵다는 점이다. 정확한 거리 계산이 어려울 경우, 특히 근거리에서 어뢰를 발사할 경우나 정면 접촉 교전의 경우, 부정확한 명중 값으로 인한 불명중을 막기 위해서는 최소 사거리에서 어뢰를 발사해야 한다. 각도가 크고 사거리가 부정확하게 산출된 경우(특히 1,000m 이내에서), 합치 오류에 의해 표적의 제원을 제대로 측정할 수 없다.

154 _ 공란

155 _ 공란

156 _ 공란

157 _ 공란

158 _ 공란

159 _ 공란

E. 어뢰의 사용(소비)

171 _ 어뢰 공급이 허용하는 한, 단거리에서 계산 데이터가 확실하더라도, 공격 가치가 있는 표적에는 동시에 2~3발을 동시에 사격하라. 이 경우 모든 어뢰가 한 표적의 다른 부위에 명중한다면 표적을 확실히 격침시킬 수 있다.

172 _ 사거리가 1,000m를 초과하거나, 적의 속도가 너무 빨라 조준 데이터가 부족할 경우 여러 발의 어뢰(2~4발)를 부챗살 모양으로 동시 발사해야 한다. 그중 한 발이라도 명중시키기 위함이다. 이렇게 해서 한 발이라도 맞추는 것이, 여러 발을 연속으로 발사하다가 표적을 놓치는 것보다는 낫다.

따라서 표적을 조준할 때는 탄막의 분산 크기를 감안해야 한다. 즉 추산된 데이터에 기반한 한 발의 사격을 감안해 분산 구역의 크기를 정하는 것이다. 2~4발의 어뢰를 발사할 때는 가상의 명중탄의 궤적을 생각해 두고, 그 탄의 양옆으로 다른 탄들이 맞게 하는 것이다.

파괴된 적함을 완전 침몰시키기 위해 또 사격을 해야 할 경우의 불명중 확률은 공격 시의 불명중 확률보다도 높다는 점도 기억하라.

    a. 표적을 완전 침몰시킬 때는, 잠수함을 멈춘 표적 앞으로 갖다놓으라. 위치는 90도, 사거리는 2,000~3,000m로 한 다음, 침로를 주의 깊게 유지하면서, 표적이 여전히 전진하고 있는지 살피며 천천히 접근하라. 침로 변경이 측정되면 표적의 속도를 조준 각도 계산기에 입력해야 한다. 또는 적절한 함수/함미 어뢰 공격을 통해 표적을 침몰시켜야 한다. 표적의 탄착점을 정하기 위해서

바다에 버려진 채 쓸데없이 표류하는 적함의 잔해는 반드시 침몰시켜야 한다. 그렇지 않으면 적이 잔해를 회수 및 수리해 다시 사용할 수도 있기 때문이다. 새 배를 만드는 것보다는 훨씬 싸다.

는 표적의 속도를 알아야 한다.

    b. 가급적 가까이 접근하여 표적과의 거리를 1,000m 미만으로 줄여라. 유월광 야간 및 주간에는 표적과의 거리를 400~500m까지 줄인 후 잠항하여 공격하라.

    c. 원해에서 적 방어 부대가 빨리 올 것 같지 않다면, 최종 공격을 서두를 필요가 없다. 대부분의 배들은 어뢰 공격을 당하면 2~3시간 이내에 침몰한다.

    d. 적 대잠수함 세력(수상/항공)이 발견되면, 그 즉시 최종 공격을 가해야 한다.

    e. c항의 상황에서 표적을 어뢰 공격 대신 함포 사격으로 침몰시킬 수 있는지를 확인해야 한다. 제277번 항목을 참조하라.

174 _ 공란

F. 잠항 시 공격 이후에 해야 할 것

175 _ 잠항 시 공격 이후, 가능하다면 잠수함은 관측을 수행하고, 적을 침몰시키기 위해 추가 어뢰 사격이 필요한지를 판단하기 잠망경 수심에 머물러야 한다.

  "소수의 적함을 침몰시키는 것이 다수의 적함에게 손상을 입히는 것보다 낫다!"는 것이 우리의 구호이다.

176 _ 여러 표적에 단시간 내에 여러 발의 어뢰를 연속 발사하려면 사격 통제 체계를 활용하여 적 호송대 근처의 또는 여러 표적 근처의 공격 위

치를 이용하라. 유리한 공격 위치를 또 점할 수 있다는 보장은 전쟁터에 없다. 제171번 항목을 참조하라.

177 _ 공격 이후 잠수함이 잠망경 수심에 있다면 적의 반응 수단과 정도를 관찰할 수 있다. 또한 다음 공격의 적기도 찾을 수 있다. 적 후속 세력의 빈틈도 찾아, 탈출에 활용할 수 있다.

178 _ 추가 공격 기회가 없다면 잠수함은 현장을 떠나야 한다. 적의 청음기로 추적을 당할 위험이 있다면 잠수함은 정숙 속도로 움직여야 한다. 적이 발생시키는 소음 때문에 그러한 위험이 없는 경우 잠수함은 어뢰를 발사한 반대 방향으로 최대 속도로 현장을 떠나야 한다.

179 _ 필요 이상으로 깊이 잠항하지 말라. 너무 깊이 잠항하면 잠망경을 사용할 수 없다. 마찬가지로, 가까이에 있는 적함에게 발견되어 공격당할 가능성이 없는 경우에도 깊이 잠항할 필요가 없다.

180 _ 잠항 시 공격 후 잠수함이 적 대잠수함 세력의 위협을 피해 잠항해야 하는 경우, 우선 전투 현장과 어뢰를 발사한 방향의 반대 방향으로 전속 잠항해야 한다. 어뢰 명중 직후 수상에서 혼란이 발생하거나, 폭뢰를 투하하는 경우라면 적 호위함은 ASDIC도 청음기도 사용할 수 없다. 잠수함이 적에게 발견된 곳으로부터 충분한 거리와 수심을 벌리지 못한 경우, 정찰 초계를 재개해서는 안 된다.

잠수함이 잠항한 다음, 원하는 수심에 도달하면 모든 활동을 중단하고, 적의 활동에 귀를 기울이고 필요한 조치를 취하라.

181 _ 깊은 수심으로 들어갈 때는 언제나 동력을 사용하라! 함내의 밸러스트 탱크를 충수시켜서는 안 된다. 잠수함은 수심이 깊어질수록 무거워진다. 함미 스터핑 박스 및 기타 개구부의 누수, 잠수함 선체의 부피 수축 등으로 인해 그렇게 되는 것이다. 그리고 원하는 수심보다 더 깊이 잠항했을 때도 이런 일이 일어나기 쉽다. 따라서 상당한 수심으로 잠수할 때는 기관 출력을 최대로 내서 움직이고, 함내의 물(U보트 7형의 경우 약 1톤)을 배수하는 것이 좋다.

182 _ 원하는 깊은 수심으로 하강할 때, 잠타의 타효가 충분치 않다면 승조원을 사용해 잠수함의 균형을 조절하라. 원하는 수심에 도달하기 전에

무거운 군수 물자를 실은 화물선이 어뢰 공격으로 두 동강이 났다. 선수와 선미의 공기가 빨리 빠져나가지 못하고 부력을 제공해 주기 때문에 가라앉는 데는 상당한 시간이 필요하다. 영국 상선은 국제 관습을 위반하고 함포로 무장을 하고 있는 경우도 많다. 이 사진의 상선에서도 함포를 볼 수 있다. 따라서 이들은 상선이 아닌 군함으로 간주되어야 한다. 양모나 목재 등 물에 뜨는 물건을 실은 화물선은 쉽게 가라앉지 않는다. 그러나 철광석, 군수물자 등은 쉽게 가라앉는다.

는 물을 이용해 잠수함의 균형을 조절할 필요는 없다. 승조원을 사용한 잠수함 균형 조절은 세심하게 진행되어야 한다. 긴요하지 않을 때도 쓸데없이 "총원~(함수 또는 함미로)" 구령을 해서는 안 된다.

183 _ 필요 이상으로 깊이 잠항해서는 안 된다. 위험할 수 있다. 스터핑 박스 및 기타 잠금 부위가 심각하게 누수되고, 연결 부위도 큰 무리를 받는다. 폭뢰가 주는 위험과 수압이 주는 위험을 비교하여 언제나 덜 위험한 쪽을 선택해야 한다.

184 _ ASDIC 및 위치 추적 기술로 추적당할 때의 대응법은 제4장을 참조하라.

185 _ 철저한 관측 끝에 적의 ASDIC 및 청음기의 위협이 없다고 판단될 때만 잠망경 수심으로 돌아가라.

186 _ 깊은 수심에 있던 잠수함이 상승할 때는, 모든 잠금 부위를 단계적으로 풀어야 한다. 특히 깊은 수심에 맞춰 잠겨 있던 부위는 더욱 그러하다.

187 _ 깊은 수심을 순항하다가 부상을 해야 한다면, 우선 잠망경 수심까지만 올라와야 한다. 그래야 비상 시 재잠항이 가능하다.

188 _ 부상 전 잠수함 내에 남아도는 공기를 펌프로 최대한 제거하라.
189 _ 부상 후 압축 공기통을 비우기 전 함교탑에서 해수면의 상태를 빠

르고 주의깊게 살펴라(제1장 B 제29번 항목 참조).

190 _ 공란

191 _ 공란

192 _ 공란

193 _ 공란

194 _ 공란

제3장

부상 시 어뢰 공격

A. 야간 부상 시 공격의 주요 원칙

195 _ 잠수함의 부상 시 어뢰 공격은 야간에만 실시할 수 있다. 부상 시 공격의 목적은 잠항 시 공격의 목적과 같다. 그리고 동일한 탄도학적 요소의 지배를 받는다. 즉 예고 없는 단거리 어뢰 공격을 통해 적을 기습한다는 것이다(제2장 A 제91번 항목 참조).

196 _ 야간 공격에 영향을 주는 요소들은 때에 따라 크게 달라진다. 구체적으로는 상대하는 적의 종류, 적의 호위 세력의 특성, 적의 침로와 속도, 시정과 광량, 해상 상태 등이다. 따라서 어뢰 발사 위치와 사거리 또한 잠수함의 속도 및 침로 변화에 맞게 제각각이 될 수밖에 없다. 예를 들면 잠수함이 직진하는가, 또는 급선회하는가에 따라 달라지는 것이다. 또한 동시에 적 호위 세력을 피해야 한다. 잠수함의 속도는 느리기 때문에 잠수함 함장은 적에게 반격을 당할 수 있는 위치에서 적을 공격해야 하는 숙명을 갖고 있다.

197 _ 따라서 야간 부상 시 공격의 철칙은 없다. 다음 원칙이 대체로 타당하다고 여겨질 뿐이다.

a. 어뢰정의 공격과 마찬가지로, 잠수함의 야간 부상 시 공격 역시 가급적 60~90도의 선폭 전방 위치에서 실시한다.

b. 부상 시 공격 침로는 언제나 나침반을 사용해 정해야 한다. 잠수함 함장은 언제나 자함의 위치를 정확히 알아야 할 책임이 있기 때문이다.

c. 추월 기동 시 계속 나침반을 사용해야 하고, 적 방향 탐지의 움직임도 계속 관찰해야 한다. 방위가 천천히 움직인다고 해도 공격을 포기해서는 안 된다. 모든 시도에도 불구하고 주간에는 절대

침몰 위치를 알 수 있는 증거는 잔해뿐이다. 기름이나, 기름이 연소하면서 나온 연기가 해상에 떠 있을 수도 있다. 그리고 바람과 파도가 그것들을 오대양 모두에 전파해 준다. 침몰선에서 탈출한 승조원들은 매우 빈약한 구명정을 타고 멀리 떨어져 있는 해안으로 노를 저어가기도 한다. 심지어 이런 잔해를 타고 영국으로 돌아가려던 사람들도 많다. 독일 군함은 자함의 안전에 해가 되지 않는 한 이들 조난자들을 도울 것이다. 반면 영국군은 주변에 독일 U보트가 있다면 자국 조난자들도 내버리고 가는 경우가 많았다.

공격할 수 없다면 야간에는 성공해야 한다. 거의 대부분의 경우 데이터는 공격 도중에 획득하는 것보다 공격 이전에 획득하는 것이 더욱 정확하다. 야간의 거리 및 위치 등 데이터 측정에는 많은 경험과 훈련이 필요하다.

d. 야간에는 사격 데이터(거리 측정 등)에 중대한 오산이 생기기 쉽다. 따라서 야간에 잠수함은 표적에 가급적 가까이 접근해야 한다. 그래야 어뢰의 주행거리가 짧아지고 중대한 오산을 하더라도 사격 결과에 큰 악영향이 없다. 공격 중 잠수함이 적에게 발견되어도 적이 어뢰를 피할 방법이 없다.

e. 야간 공격의 최소 사거리 역시 300m다(제2장 A 제92번 항목 참조).

f. 야간에 함수에서 너무 작은 각도로 성급하게 어뢰를 발사해서는 안 된다. 덜 숙련된 어뢰 발사 장교는 야간에 함수의 각도를 실제보다 작게 오산하는 경향이 있다. 따라서 함장이 정신을 제대로 차리고 너무 일찍 발사 명령을 내려서는 안 된다.

g. 거리에 따라 다르기는 하지만, 적을 직선 침로로 추격하기 위해 함수를 돌리는 정도를 보면 적의 속도를 정확히 알 수 있다.

h. 야간에는 거리가 실제보다 짧아 보이기 쉽다(제2장 a) 제99번 항목을 참조하라). 적의 그림자 크기가 커 보인다고 해서 거리를 오판하지 말라. 거리를 오판하게 되면 적과의 거리가 너무 먼 상태에서 서둘러 쏘게 된다.

198 _ 야간 부상 시 공격을 하는 잠수함은 다음과 같은 적 탐지 장치에 발견될 수 있다.

a. 육안 견시

b. 청음기

c. ASDIC

1) 적 육안 견시에 발견될 위험성

199 _ 잠수함 함장은 광량 상태가 매우 불리하지 않는 한, 잠수함은 야간
에 그 어떤 수상함보다도 발견당하기 어렵다는 점을 염두에 두는 것이 원
칙이다. 잠수함의 야간 저시인성에 대한 함장의 믿음은 경험을 통해 커진
다. 그런 믿음에 반하는 생각이 들어도 극복해야 한다. 적은 아군보다 더
약한 위치에 있으며 오랫동안 힘들게 근무해 온 탓에 잠수함만큼 주변을
잘 보는 능력이 떨어져 있다. 반면 잠수함은 모든 힘과 주의력을 공격 진
행에 사용할 수 있다.

200 _ 잠수함의 실루엣은 길고 낮다. 그리고 함교탑의 일부를 포함한 그
대부분이 물속에 숨어 있다. 따라서 야간에 부상해 있는 잠수함을 발견하
기란 어렵다. 수평선 위로 튀어나온 함교탑은 적의 육안으로 가장 쉽게 발
견되는 부분이다. 수평선이 바로 적에게 접근하는 잠수함의 위험 지대다.
수평선이 아닌 바다를 배경으로 하면 함교탑을 발견하기는 매우 어렵다.

201 _ 잠수함의 함교탑은 수평선과 바다 어느 쪽에 비해서도 더 어둡게
보인다. 심지어는 가장 어두운 밤에도 그렇다. 독일의 위도에서 함교탑에
가장 어울리는 색상은, 경험상 밝은 회색이나 어두운 회백색이다. 대서양
에서는 짙은 회청색이다.

202_ 잠수함 위장 도색은 빛을 반사하는 경향이 있으며, 특히 물이 묻었을 때 더 그렇다. 따라서 적에게 달빛이 비치는 부분을 보여서는 안 된다. 만약 피치 못할 상황이라면 함수를 돌려 적에 대한 폭로 면적을 최대한 줄여야 한다.

203_ 수면 위에 달빛이 반사되는 부분, 즉 달과 표적 사이에 잠수함을 갖다 놔서는 안 된다.

204_ 공격의 좋은 조건은 다음과 같다.
　　a. 빛나는 수평선이나 달을 배경으로 한 적을 향해 어두운 수평선 또는 바다의 어두운 부분에서 잠수함이 접근할 때. 이 경우 잠수

잠수함은 배정된 해역에서 몇 주 동안 고독에 휩싸여 부상 및 잠항 항주를 계속한다. 단 한 척의 상선도 발견 못 할 수도 있다. 대서양에서 며칠을 보냈는데도 아무것도 보이지 않을 수 있다. 언제 끝나려나? 언제 시작되려나? 누구도 정확히 알 수 없다. 잠수함을 감싼 대양. 그곳에서 바람과 파도가 잠수함을 흔든다. 구름과 일광, 강우와 폭풍 등의 기상 상태는 밤낮으로 예고 없이 바뀐다. 그 와중에도 독일 군기는 마스트에 펄럭인다.

함은 적에 대해 매우 가까이 접근해도 보이지 않는다.

b. 눈에 잘 띄는 역량을 줄이기 위해 풍상 측에서 바다의 물결을 따라 접근할 때(특히 바다가 잔잔할 때). 역량을 줄이려면 적과의 거리가 가까울 때는 속도를 줄여라. 이는 추파를 줄이는 효과도 있다. 추파는 바다가 잔잔할 때 잠수함의 위치를 노출시킨다. 또한 풍상 측으로 가면 적이 관측하기 더 어렵다. 이러한 효과는 바람이 세거나 비가 올 때 더욱 강해진다.

c. 공격 중 어뢰 발사 지점까지 움직이면서 적에 대한 잠수함의 폭로면적을 최대한 줄이는 것은 늘 필요한 타당한 행위다. 이렇게 하면 잠수함 선체 형상에 역량과 추파가 합쳐진다. 그러나 잠수

해질 무렵 잠수함은 비스케 만 공해에 도달했다. 함교탑에는 여전히 견시 외에도 비번 인원들이 나와 있다. 마지막으로 신선한 공기를 즐기고 있다. 육지는 갈수록 조그맣게 줄어든다. 저녁이 온다. 장거리 작전의 첫날밤이 온다. 적과 만날 시간이 다가온다.

함의 폭로면적을 늘리면 역량과 추파 때문에 잠수함의 위치가 쉽게 드러난다. 따라서 잠수함의 폭로면적을 줄이고, 접근 간 계속 선회하면서 적에게 좁은 폭로면적만을 보여라. 이러한 접근 방식을 훈데쿠르페(개 침로)라고 한다.

d. 해가 떠오를 때는 주의하라. 시야가 갑자기 늘어나기 때문이다.

205 _ 공란

206 _ 공란

2) 청음기에 의해 발견당할 위험성

207 _ 부상한 잠수함의 기관음은 수면 위 대기 중에서는 사실상 들을 수 없다. 적함이 내는 소음이 있을 경우 더 그렇다.

208 _ 그러나 부상한 잠수함의 기타 소음, 예를 들면 스크루 프로펠러의 소음 등은 적의 청음기에 들릴 수 있다. 물론 적이 내는 소음에 파묻혀 들리지 않을 수도 있다. 적의 속도가 빠르고 해상 상태가 나쁠 경우 더욱 그렇다. 환경에 대해 더 자세한 것은 제1장 B. 2)항목을 참조하라.

적이 청음기를 사용하기 좋은 환경의 경우 부상하여 디젤 엔진으로 움직이는 잠수함의 소음은 전기 모터로 움직이는 잠수함의 소음에 비해 더욱 또렷이 들린다. 적의 청음기 사용이 예상되고 적의 속도가 느리며 바다가 고요할 경우 공격 시도는 전기 모터로 이루어져야 한다. 또한 전기 모터는 속도가 느리므로 적과의 상대위치는 그 점을 감안해 정해야 한다.

209 _ 공란

210 _ 야간 공격 시 적 청음기에 발견될 위험성을 절대 과대평가해서는 안 된다. 또한 적에게 가까이 접근해 치명타를 날릴 가능성 역시 절대 무시해서는 안 된다(제2장 A 제94번 항목 참조).

211 _ 공란
212 _ 공란
213 _ 공란

견시 인원들은 늘 두터운 방수복을 입고 있다. 오랫동안 적을 찾고 있으면 거친 파도와 바람에 채찍질당한 몸은 흠뻑 젖고 탈진된다. 그럼에도 불구하고 살아서 자연에 맞서 자신의 가치를 증명할 수 있어 즐겁다.

3) ASDIC에 발견될 위험성

214 _ 바다가 잔잔하고 적의 속도가 느린데 부상 중인 잠수함이 ASDIC에 의해 발견되는 경우는 매우 적다. 부상 중인 잠수함 탐지 작전의 조건은 조용한 해역에서 잠항 중인 잠수함을 탐지하는 작전의 조건에 비해 나쁘다. 수면의 간섭도가 높기 때문이다. 간섭도란 바다와 함선의 움직임으로 인해 물의 표면이 대기에 계속 투과되는 것이다.

215 _ ASDIC을 이용한 잠수함 탐지 작전의 위험성을 청음기를 사용한 작전의 위험성보다 과대평가해서는 안 된다. 따라서 이 때문에 공격을 포기해서는 안 된다(제2장 A 제94번 항목 참조).

216 _ 일부 적함들은 수상 대잠수함 위치 파악 장비(일명 〈디테〉)를 갖고 있다고 봐야 한다. 그러나 그 때문에 잠수함 함장이 자신이 매번 적 또는 적 호위세력에 탐지되고 있다고 생각하거나 그로 인해 특수한 기동을 하고 공격을 포기해서는 안 된다. 적의 행동으로 보아 잠수함이 추적당하고 있는 것이 확실하고, 잠수함이 작전 현장을 떠나고 적이 보이자마자 잠항을 해야 할 것이 확실한 경우가 아니라면, 〈디테〉에 의해 탐지당하는 것이 아니다. 더 자세한 것은 제180번 항목을 참조하라. 만약 잠항해야 한다면 잠항, 또는 수심 하강 직전 침로를 급변경시켜라. 잠수함이 잠항한 그 자리, 그리고 적이 잠수함의 도주 침로로 간주한 침로에 떨어지는 폭뢰가 가장 위험하다는 것을 염두에 두라.

217 _ 공란

218 _ 공란

B. 부상 시 야간 공격 실행

219 _ 잠항 시 공격을 위한 잠수함 운용의 원칙(제2장 B 제105번 항목 참조)은 부상 시 야간 공격에도 타당하다. 특히 야간에는 신뢰성 높은 탄도 계산(사격 데이터)를 획득하기 위해 각별한 주의가 필요하다. 어떠한 경우에도 모든 수단을 동원해 정확한 사격 데이터를 획득해야 한다(제105번 항목 e항 참조).

220 _ 야간에 접적이 예상되는 해역에서는 어뢰발사관에 1발 이상의 어뢰를 장전하고 있어야 한다. 발사구도 갑자기 적이 발견될 경우 즉각 발사가 가능하도록 개방해야 한다.

221 _ 전시 야간 작전의 성패를 가장 크게 좌우하는 것은 우수한 시력과 감시 능력이다. 먼저 상대를 봐야 유리하다. 따라서 야간 시력이 가장 뛰어난 사람을 함교탑에 견시 근무자로 배치한다. 공격 진행 시라면 두말할 나위가 없다.
야간 견시는 쌍안경만 휴대할 수 있으므로, 해상 상태가 나쁘거나 비가 많이 와서 망원경이 젖을 경우 망원경을 닦아 주거나 새 것으로 교체해 주는 인원을 함교탑에 보내야 한다.

222 _ 표적이 발견되면 우선 상대방에게 폭로면적을 최소화하며 침로를 유지해 접근하고, 표적의 방위 변경을 확인한다. 그리고 표적의 침로 앞쪽

으로 최대 속도로 움직인다. 물론 표적에게 보이지 않을 만큼의 거리를 유지하면서 말이다. 그래야 전방 공격을 제대로 실시할 수 있다. 잠수함의 속도가 표적의 속도보다 조금밖에 빠르지 않더라도 표적을 앞질러 가서 공격하려는 의지를 포기하지 말라. 표적의 방위 변경은 공격 성공 확률과 늘 연관이 있다.

223 _ 어두운 수평선이나 풍상 측같이 가장 좋은 곳을 공격 위치로 골라 이동해야 한다. 표적을 앞지르는 데 상당한 시간이 걸리고, 유월광 상태라면 공격 시간별로 달라지는 달의 방위까지 염두에 둬야 한다.
추월 기동 중 어떠한 이유로든(예를 들면 구름이 줄어든다든가) 조명 상태가 달라지면, 공격 실행을 위해 둘러 가야 할 수도 있다.

견시 인원들은 몸에서 물이 떨어질 정도로 흠뻑 젖어 있다. 목이 긴 해상용 장화 속에는 이미 물이 잔뜩 고여 있다. 그러나 눈앞에는 폭풍이 몰려오고 있다. 파도가 덮쳐올 때마다 견시 근무자들은 욕만 해댈 뿐이다. 물론 지금이라도 잠항할 수는 있다. 바닷속은 고요하기 그지없다. 그러나 그들은 유람선놀이를 하러 바다에 나온 게 아니다! 전쟁을 하러 온 것이다! 적함을 격침하러 온 것이다. 이곳은 적과 마주치는 최전선이다. 이렇게 바다가 험할 때도 어떤 것도 놓쳐서는 안 된다.

밝아오는 하늘 아래 먹구름이 몰려온다. 거대한 파도도 일어선다. 파도 위에는 흰 물거품이 보인다. 그 거대한 파도 위에 올라탄 잠수함은 물마루 위로 올라갔다가 전속력으로 떨어졌다를 반복한다. 이렇게 바다가 성이 났을 때는 승조원들이 정신 차리지 않으면 잠수함이 자칫 항로를 이탈할 수 있다. 독일 잠수함은 작지만 항해 성능이 매우 뛰어나다. 독일 잠수함은 생물처럼 거친 바다에도 쉽게 적응할 수 있다. 잠수함이 클수록 큰 파도에 유연하게 대처하는 능력이 떨어진다.

224 _ 공란

225 _ 공란

226 _ 공란

C. 부상 시 야간 공격 실행

227 _ 적 침로 앞 원하는 위치에 도달하면 타당한 공격을 시작할 수 있다. 이 경우 가장 중요한 원칙은 이것이다. 어뢰를 발사할 때까지 표적에 대한 폭로면적을 최소화하라. 앞서 말한 개 침로를 유지하라. 잠시라도 폭로면 적을 늘렸다가는 공격을 망칠 수 있다.

228 _ 공격 시에는 잠수함은 계속 움직여야 한다. 그렇지 않으면 공격 중 및 공격 후 적 호위세력을 만났을 경우 적시에 회피하거나 잠항할 수 없을 수 있다.

229 _ 적 호위함을 만났을 때는 가급적 잠항하지 않은 채 회피하라. 속도를 유지하고 상황을 파악하기 위해서다. 부상 시 잠수함 함장은 모든 상황을 다 알아야 한다. 잠수함은 일단 잠수하면 눈이 가려지고 발이 느려진다. 그리고 해상 상황에 대한 주도권을 뺏기게 된다.

230 _ 공격 시에 폭로면적을 좁게 유지하는 것의 장점은 사격 통제 체계에 의해 보증된다.

231 _ 낮이건 밤이건 적함들이 한 데 모여 있는 것은 잠수함과 어뢰의 성

능을 극한으로 발휘할 수 있는 흔치 않은 기회다. 이 경우 첫 표적을 공격한 후 바로 두 번째와 세 번째 표적을 공격해야 한다. 첫 어뢰 공격을 당한 적 함대는 야간일수록 혼란에 빠지는 경우가 많으며, 혼란은 작전을 더욱 수월하게 해준다.

232 _ 잠항 시 어뢰 발사에 적용되는 부챗살형 일제 사격(제2장 E 제171~174번 항목 참조)은 부상 시 어뢰 공격에도 적용된다.

233 _ 공란
234 _ 공란

D. 야간 부상 시 공격 후 해야 할 일

235 _ 야간 부상 시 공격 이후 함장은 계속 부상 상태를 유지해야 한다. 공격 성공 여부를 살피고, 상황이 허용할 경우 제2차 및 제3차 공격을 하기 위해서다. 불필요하게 깊이 잠항하지 말라. 잠항하면 외부 상황을 눈으로 볼 수 없고 무력해진다. 함장은 부상해 있어야 상황을 완전히 이해할 수 있고 행동의 자유를 얻는다. 잠수함은 적의 직접 추격을 당할 때에만 잠수한다.

236 _ 어뢰를 발사한 후, 적함의 함미 쪽으로 급선회하는 것은 대부분의 경우 옳다. 이는 적함의 침로 앞쪽에 있는 위험 구역에서 가급적 빨리 벗어나기 위함이다. 이 위험 구역은 적에게 발견당해 충각 공격을 당할 가능성이 제일 높다.

237 _ 잠수함이 공격 후에도 부상해 있을 수 있다면, 잠시 뒤로 빠져 어뢰 차탄을 재장전해야 한다.

238 _ 잠수함이 상황상 잠항할 수밖에 없다면, 최대 속도로 잠항해야 한다. 그리고 그 방향은 전투 현장 및 어뢰 발사 방향과 반대여야 한다. 이때 적 청음기의 위협은 계산할 필요가 없다. 야간에 명중탄을 날렸다면 수상은 대혼란이 초래되어 적 대잠수함 탐지 장치는 청음기와 ASDIC 모두 쓸 모없어진다.

일어난 바다가 함교탑과 안전벨트를 한 견시 인원들을 강렬하게 덮친다. 이때 견시 인원들은 함교탑 해치를 발로 밟아 확실히 닫는다. 그래야 배 안에 바닷물이 들어가 침몰하는 일을 막을 수 있기 때문이다. 그러나 대부분의 경우 바다는 눈에 잘 보이지도 않는 작은 벌레를 갖고 놀 듯이, 잠수함을 자기 등 위에 올렸다가 내렸다가 한다. 큰 파도를 탄 잠수함이 하늘 높이 올라갈 때면 마치 갈매기가 된 기분이다. 회색 페인트칠이 된 잠수함의 선체에서는 물이 마구 뿜어져 내린다.

239 _ 일단 잠항하면 최대 속도로 직선 항주해야 한다. 그래야 적 방어 지대를 최단시간 내에 돌파할 수 있고, 더욱 빨리 부상할 수 있다.

후퇴 방향은 적 침로를 기준으로 비스듬히 전방이 되어야지 후방이 되어서는 안 된다. 전방으로 가야 잠수함이 다시 적의 풍상 측으로 이동하여, 수중에서라도 다음 공격을 실시할 수 있다.

240 _ 일단 잠항해서 얼마나 멀리 가야 하는가? 그것은 시정이 좌우한다. 잠수함이 다시 부상한 곳에서도 여전히 잠수함의 눈에 적은 보여야 하지만, 잠수함은 적에게 보여서는 안 된다. 통상 2,000~3,000m 정도 항주하면 충분하다.

241 _ 부상 시 잠수함은 적의 청음기 사용에 주의해야 한다. 따라서 기압 탱크를 신속히 충전하고, 부상하자마자 즉시 함교탑에 견시를 배치하여 전방위 견시를 실시한다.

적을 감시하면서 밸러스트 탱크 내부의 물을 비우고, 상황에 맞춰 행동하라.

재차 공격이 가능하다면 다시 접근해 공격하라.

242 _ 잠항 상태에서 적에게 추적을 당할 경우의 행동 요령은 제4장 제 246~269번 항목을 참조하라.

243 _ 공란
244 _ 공란
245 _ 공란

제4장

방어 및 적에게 추적당할 때의 행동 요령

246 _ 적 대잠방어 및 공격 행동의 목적은 잠수함 격파다. 이 목적은 잠항한 잠수함에 대한 직접 공격, 또는 잠수함이 더 견딜 수 없을 때까지 잠항 상태를 강요하여 부상을 유도한 후 공격 격침하는 것으로 달성할 수 있다.

247 _ 적에게 추적을 당하는 잠수함은 그냥 해저에 숨어서 기다리지 말고 계속 활발하게 움직여, 기회를 놓치지 않고 적의 추적에서 벗어나는 것이 원칙이다. 잠수함은 움직여야 적의 추적을 따돌릴 기회를 잡을 수 있다.

248 _ 모든 작전에서 잠수함이 가장 위험한 때는 다음과 같다. 잠수함이 적이 공격해 오는 것을 보고 바로 잠항했는데, 적이 잠수함의 위치를 이미 파악했고, 잠수함이 아직 충분한 수심에 도달하지 못한 상황인 것이다.
따라서 적에게 탐지된 잠수함은 전투 현장 또는 잠항 위치를 전속력으로 떠나야 하고, 깊은 수심으로 잠항해야 한다. 이때 적의 청음기에 탐지될 우려는 사치다.

249 _ 공란

해상 상태가 나쁘면 함교탑 해치가 열려 있을 경우 물이 지휘통제실 내로 쏟아져 배수해야 한다. 해상 상태가 너무 나쁘면 함교탑 해치를 닫는다. 그 경우 함교탑의 견시 근무자는 함내와 직접 연락할 수 없는 채로 거친 바다에 홀로 맞서야 한다. 잊을 수 없는 경험을 하게 된다.

A. 청음기로 추적당할 때의 행동 요령

250 _ 적 청음기에 대응하는 일반적인 사항에 대해서는 제1장 b), ii), 제 46~54번 항목을 참조하라.

적의 추적을 따돌리기 위해서는 다음과 같은 행동을 취할 것을 권한다.

a. 적 함미 쪽 방향 탐지 청음기 쪽으로 가라.

b. 잠수함 내의 모든 소음 발생원을 없애라. 불필요한 모든 보조 장비를 멈춰라. 여기에는 펌프, 환풍기, 압축기, 잠망경용 모터, 자이로컴퍼스, 보조 자이로스코프 등이 포함된다. 방향타와 잠타도 수동으로 작동시켜야 한다. 공기를 모두 배출해 균형을 잡고, 수심 조절은 승조원들을 이동시켜 하고, 잠타 수동 조작으로 마무리한다.

c. 승조원은 절대 침묵을 유지해야 한다. 대화는 낮은 목소리로, 모든 작업은 소리 없이 한다. 함내 보행 시에도 신발을 벗고 양말만 착용한다.

d. 매우 깊은 수심으로 잠항하라. 수심이 깊을수록 적의 청음기를 속이기도 쉽다.

e. 속도를 높이고 직선 항로로 움직여, 추적해 오는 적과의 거리를 빨리 늘려라. 속도를 늦췄다 높였다 하지 말고, 지그재그 침로도 취하지 말라. 그랬다가는 적과의 거리가 빨리 안 늘어난다.

f. 가능하다면 적 스크루 프로펠러가 일으킨 항적 속으로 숨어라. 적 청음기를 더 쉽게 속일 수 있다.

g. 적이 가속하거나 폭뢰가 폭발할 때는 속도를 높이고, 적이 멈추면 우리도 멈추거나 엔진 회전수를 최소로 줄여라.

251 _ 공란

252 _ 공란

253 _ 공란

B. ASDIC으로 추적당할 때의 행동 요령

254 _ ASDIC에 대응하는 일반적인 요령에 대해서는 제1장 b), iii), 제
55~64번 항목을 참조하라.

적의 추적을 따돌리기 위해서는 다음과 같은 행동을 취할 것을 권한다.

    a. 적에 대한 폭로면적을 줄여라(제59번 항목 참조). 음파 반사면적을
      최소화하기 위해서다.

    b. 깊은 수심으로 들어가라. 그리고 잠항 중 물의 밀도와 온도를 계
      속 측정하라. 해수층에 따라 적 ASDIC의 반향 자극을 약화시켜
      그 작전을 방해할 수 있기 때문이다(제56번 항목 a 및 b항 참조). 잠
      수함 청음기에 잡히는 적 ASDIC의 반향 자극이 약할수록 적의
      ASDIC 수신기에 돌아가는 반향 자극도 적다. 특정한 여건에서는
      잠수함의 일시적 착저도 적 대잠 탐지 수단에 대한 좋은 방어 수
      단이 될 수 있다. 이는 수심이 깊을수록 더욱 효과적이다. 적 대
      잠 탐지 장치로는 6~8m 정도의 수심 차이는 제대로 식별하기
      어렵다.

    c. 잠수함 내 전 승조원의 절대 침묵을 실시한다(제59번 항목 b, 제
      250번 항목 c. 잠수함 내의 소음이 적 대잠 탐지 장비에 탐지될 가능
      성을 줄이기 위해서다.

    d. 고속으로 도주하여 적과 충분한 거리를 둔다. 침로도 지그재그

조타장, 항해장, 항해사는 시간만 나면 육분의와 시계를 꺼내들고 태양과 별의 위치를 측정해 자함의 위치를 알아낸다. 천체가 전혀 보이지 않을 때에는 침로와 기관 속도를 통해 함의 위치를 계산한다.

로 하지 말고 직선 침로를 유지하라.

e. 적이 가속하거나 폭뢰가 폭발할 때는 속도를 높이고, 적이 멈추면 우리도 멈추거나 엔진 회전수를 최소로 줄여라. 그리고 계속 고속으로 순항할 때는 속도에 신경써라. 다른 모든 소리와 마찬가지로 고속으로 회전하는 스크루 프로펠러의 소리는 대잠 탐지 장비에 탐지되기 쉽다.(제1장 B 3) 제59번 항목 b를 참조하라).

f. 가능하다면 적 스크루 프로펠러가 일으킨 항적 속으로 숨어라. 스크루 프로펠러의 소음으로 적 ASDIC을 더 쉽게 속일 수 있다.

g. 해안에 가까운 좁은 바다(협만 등)에서는 ASDIC과 해안 사이에 끼일 경우 해안 쪽으로 붙어라. ASDIC의 반향을 굴절시키고 흐트러뜨린다(제57번 항목 b 참조).

h. 추적해 오는 적과의 거리가 300m 미만일 때는 ASDIC의 효율이 떨어진다. ASDIC은 단거리에서는 제대로 탐지 효과가 안 나온다.

255 _ 공란

256 _ 공란

257 _ 공란

258 _ 현재까지 얻은 관찰 결과에 따르면, 적은 청음기와 저수심 ASDIC을 동시에 운용하는 경우가 많다. 아군 잠수함의 존재가 탐지 장치 또는 어뢰 항적이나 폭발 등으로 드러나게 되면, 적 호위함들은 잠수함의 방향 탐지를 가급적 정확히 실시하려고 한다. 그 수단은 아마도 청음기인 것 같다. 청음기를 쓰면 적 추적 세력들은 엔진을 꺼야 한다. 잠수함에 접근하

는 데 성공하면 계속 ASDIC으로 음파 탐지를 한다. 잠수함이 탐지된 방위로 저수심 음파 반향 탐지를 계속하는 것이다.

259 _ 지속적인 착저 등 잠수함을 수동적으로 운용하면, 잠수함의 특정 부위에서 새어나온 기름 때문에 잠수함의 위치가 탄로날 수도 있다. 따라서 착저는 특정 저수심 반향(제254번 항목 b 참조)에 대응할 때나 함내 누수가 벌어졌을 경우 등 꼭 필요한 경우에만 잠시 동안만 실시해야 한다.

260 _ 폭뢰 공격을 당할 때는 모든 결합 부위를 근접 점검하라. 진동으로

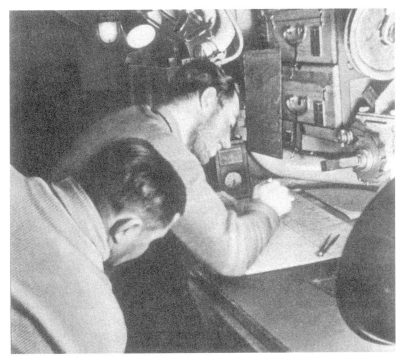

기록된 측정값은 지휘통제실의 지도대를 통해 조타사에게 전달된다. 조타사는 표를 참조해 계산을 한 다음, 나침반과 항해용 삼각자를 사용해 침로를 정한다.

조리사의 근무 공간 아래에는 하수관이 있다. 함미 사다리의 발판이 작은 조리실을 나누고 있다. 조리사의 바로 뒤에는 뜨거운 조리 기구가 있다. 그 위에는 40여 명의 승조원에게 제때 나가야 할 음식이 있다. 그 위에는 화장실도 있다. 화장실에 가려면 전기 모터실과 디젤 기관실을 거쳐야 한다. 이곳이야말로 바다가 거칠어도 넘어질 자리도 없다!

결합 부위가 헐거워지면 물이 대량으로 샐 수 있다.

261_ 오랫동안 추적을 당할 때면 야음을 이용할 수 있어야 한다. 만약 부상했는데 야간이 지나가고 새벽이 오고 있고, 여전히 적의 추적과 위협은 계속된다면 낮이 긴 계절이나 해역의 경우 도망치는 것이 불가능할 수도 있다.

262_ 깊은 수심에서 상당한 시간 동안 이동했다면 부상 전에 다음 규칙을 지켜야 한다.

　　　a. 모든 연결 및 결합 부위를 서서히 헐겁게 하라. 특히 깊은 수심 잠항에 대비해 꽉 조였다면 반드시.
　　　b. 만일의 경우 바로 긴급 잠항이 가능하도록 부상 전 잠타를 점검하라.
　　　c. 부상 전 함내의 모든 잉여 공기를 배출하라.

그 밖에 제2장 F 제185~189번 항목을 참조하라.

263_ 부상했는데 주변 해상에 적함으로 포위되어 있을 수도 있다. 이럴 때를 대비해 모든 잠수함 함장은 잠수함의 자침 준비를 철저히 해놓아야 한다. 이는 특히 적이 작전하는 얕은 수심의 바다에서 활동할 때 더욱 염두에 둬야 한다.

264_ 잠수함 자침 준비 방법은 다음과 같다.

　　　a. 선체에 큰 구멍을 내어 누수를 시키기 위해 폭탄을 설치한다. 가장 적절한 설치 위치는 디젤 엔진 냉각수 유입용 하부 밸브, 어

뢰 구역 해수 유입용 하부 밸브. 주유구가 열린 상태에서의 천정 밑 디젤 엔진 배기구 등이다.

b. 비밀 정도가 높은 장비(무전기, 청음기, 표적 탐지 장치, 잠망경, 사격 통제 체계 등)에도 폭탄을 설치한다. 이것들을 모두 파괴할 만큼 폭탄이 충분치 않다면 인력으로 재사용이 불가능하도록 파괴한

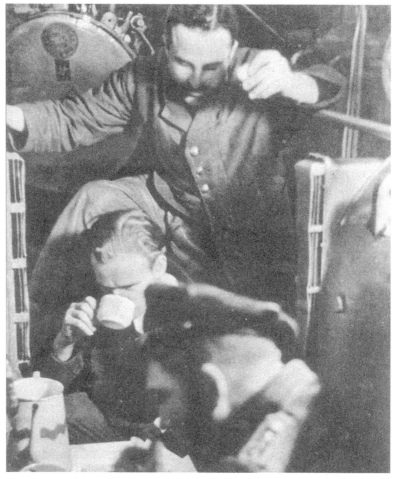

오후 커피 시간이 왔다! 부활절 월요일을 기념하기 위한 쉬는 시간이다. 기관장은 함미 어뢰실에서 전기 모터의 상태를 보며 커피를 마신다. 커피에는 설탕과 통조림 우유가 대량으로 들어간다. 비스킷도 빠져서는 안 된다.

다.

c. 중요도가 매우 높은 비밀 문서는 산(酸)을 부어 파기한다. 그보다 비밀 등급이 떨어지는 문서(특히 무선 통신 암호 관련 문서는 전부) 는 충분한 양의 철물과 함께 묶어, 부상 후 바다에 투기한다.

d. 병기의 주요 부품은 분해한 후, 잠수함을 자침시킬 때에 바다로 투기해야 한다.

e. 잠수함이 부상한 후, 사령부에 무전으로 잠수함 자침을 간결히 통지한다.

f. 잠수함이 마지막으로 부상한 다음 디젤 헤드와 풋 밸브를 개방하고, 방출 밸브를 통해 압축 공기 탱크를 비운다.

265 _ 적이 매우 가까운 거리에서 추적해 오고 있을 때 잠수함을 자침시켜야 하고, 잠수함의 위치상 자침이 가능하더라도 함장은 끝까지 적을 격파하는 데 주안점을 두고, 마지막 무기를 사용해 적과 싸워야 한다.

함장은 잠수함이 확실히 자침될 때까지 함포, 기관총, 기관단총 등 모든 수단을 사용해 적과 대치하고 적이 함에 오르는 것을 막아야 한다.

C. 적 항공기와 만났을 때의 행동 요령

266 _ 적 항공기와 만났을 경우의 행동 원칙에 대해서는 제33~41번 항목을 참조하라.

적기의 위협이 심한 곳에서는 가장 견시 능력이 뛰어난 인원에게 견시 근무를 맡기고, 대공화기에 요원을 배치하고 늘 발사 가능 상태를 유지함은 물론 실사격 시험까지 해본다.

267 _ 적기와 마주칠 경우 함장이 최우선적으로 고려해야 할 것은 안전이다. 적기가 레이더 또는 육안으로 잠수함을 탐색하고 있다는 것을 알아채면 바로 잠항하라. 잠수함은 초계 중인 적기에게 발견됨으로써 공격 임무에 방해를 받아서는 안 된다.

268 _ 레이더 또는 육안으로 잠수함을 발견한 적기는 가능하다면 태양을 등에 업거나 잠수함의 침로, 잠항 방향에 맞춰 공격해 온다. 그리고 야간

승조원들은 함수에서 먹고 잔다. 동부 독일 출신의 페피는 쌀밥을 좋아한다. 독일 동해안 출신의 뤼텐은 통조림 햄을 좋아한다. 슐레지엔 출신의 빌렘도 자기 몫을 챙긴 다음에, 식사를 다 하고 나서 설탕을 잔뜩 넣은 차를 마신다. 비번인 인원들은 이미 함수 좌우측의 침대에 들어가 있다. 이들 중 두 명은 침대칸 앞에 앉아 있다. 빌렘은 식탁머리에 놓인 레몬 상자를 의자 삼아 앉아 있다. 식탁도 다들 둘러앉아 먹기에는 자리가 좁다. 지금은 잠항 중이다. 부상 중이라면 빈 그릇이 이렇게 수북이 쌓여 있을 리가 없다.

에는 공격 직전에 조명등을 켠다.

269 _ 기본 원칙은 다음과 같다. 항공기가 보이는데 거리가 멀고, 잠수함의 진행 방향 쪽으로 움직이지 않는다면 바로 잠항할 필요는 없다. 대신 함수를 돌려 항공기에 대한 폭로면적을 줄여라. 그리고 속도를 줄여 항적의 크기를 줄여라.

항공기가 멀리 있어도 잠수함 쪽으로 오고 있다면 즉각 잠항하라.

야간에 항공기를 발견했는데 조명등이 켜져 있고 잠수함 바로 위나 근처를 지나갔다면 공격하러 또 올 것이다. 즉각 잠항하라.

항공기 발견이 너무 늦어 잠항할 시간이 없다면, 잠항하지 말고 대공포로 교전하라. 이때도 첫 공격이 끝난 다음, 적기가 두 번째 공격을 하기 전에 잠항하라.

270 _ 적기의 공격 중 잠항했다면 언제나 A수심으로 잠항하여 고속으로 이탈하라.

제5장

포함으로서의 잠수함 운용

271 _ 포함으로서의 잠수함 운용은 그 자체로 용어의 모순이다. 잠수함의 함포 화력은 강하지 않고, 함포 플랫폼으로 봐도 높이가 낮고 불안정하다. 게다가 함포가 아무 덮개도 없이 해수에 바로 노출되어 있다. 해상 포격전에 적합하게 만들어졌다고는 볼 수 없다. 함포의 운용성 측면에서 봤을 때, 잠수함은 다른 어떤 군함보다도 최악이다. 잠수함과 수상함 간의 포격전에서는 잠수함이 모든 면에서 불리하다. 선체에 한 발이라도 적탄을 맞으면 잠항이 불가능해질 수 있다. 그리고 이는 잠수함의 전손으로 이어질 수도 있다. 하지만 잠수함과 잠수함 간의 포격전이라면 해볼만 하다. 그러나 어뢰를 탑재한 잠수함은 기습공격용 무기이고, 수상함은 전면전을 하기 위한 무기이다. 따라서 잠수함 간의 포격전은 발생 확률이 매우 낮다.

272 _ 잠수함의 주무장은 어뢰이고, 함포는 보조 무장이다. 함포는 써야 하는 일이 그리 많지 않다. 잠수함의 함포는 외부에 바로 노출되어 있고, 또 부상해서만 쓸 수 있기 때문이다. 이는 잠수함의 주된 운용 목적인 수중 기습 공격에 배치되는 행위다.

이러한 주요 사실들 때문에 어뢰를 발사하는 잠수함은 적의 상선에 대해서만 함포 사격을 해야 한다. 즉, 적 상선을 멈추거나 비무장, 또는 경무장 상선의 저항을 제압하는 용도로만 써야 한다는 것이다(제7장 제305번 항목 참조).

273 _ 잠수함 함장은 함포를 사용해야 할 때마다 전시 모든 적 상선은 무장을 하고 있다는 것을 염두에 두어야 한다. 또한 중립국 표식이 있는 상선이라고 해서 모두 진짜로 중립국 소속이거나 잠수함에 위협이 되지 않는다는 보장은 없다.

274 _ 무장한 적함에 대한 함포 사격이 성공하는 경우는 최소 사거리에서 기습 공격을 통해 초탄에 적에게 대타격을 입히고, 잠수함이 모든 소병기를 사용해 적의 함포 요원의 배치와 운용을 저지할 수 있는 위치에 있을 때뿐이다.

275 _

    a. 이러한 성공은 일몰 직전, 또는 일몰 이후 함포를 사용한 기습 공격으로 달성할 수 있다. 사거리는 최소 사거리인 6~11km 이내여야 한다. 주간 또는 유월광 야간의 장거리 함포 사격은 적이 비무장이거나 경무장일 때만 성공할 수 있다.

    b. 함포를 사용한 기습 공격 성공의 전제 조건은 다음과 같다. 야간 훈련을 포함한 충분한 함포 사격 훈련, 공격의 주의 깊은 계획과 물질적 준비, 충분한 소병기 조작 훈련이다.

    c. 절차는 다음과 같다.

        ① 야음에 익숙해지도록 하기 위해 포술장과 필수 요원들을 필요한 시간보다 훨씬 먼저 함교탑과 상갑판에 배치한다. 사격 효과를 극대화하기 위해 정밀한 사전 조정이 필요하다.

10.5cm 함포는 적함의 함교와 상부 구조물에 사격한다. 우선 소이탄 10발을 사격한다. 후속 사격 시 조준점을 제공하기 위해서다. M-34 3.7cm 기관포(번역서에서는 일단 원문의 표기를 그대로 사용했으나, 이런 이름의 무기를 찾을 수는 없었다. 집필 시기를 감안하면 SK C/30 또는 Flak 42 대공 기관포의 오기로 짐작된다. -역자주)는 적함의 함미 함포에 사격한다. 사격 섬광이 매우 눈부신 2cm 기관포는 3.7cm 기관포 고장 시 포술장 지시에 의해서만 사격한다.

② 적함의 함종과 무장 상태가 확인되면(필요에 따라서는 주간에 잠항해서 관측해야 할 수도 있다) 다음과 같이 행동하라.

   i. 적함의 후방에서 주의 깊게 접근하라. 일광, 해상 상태, 바람 상태 등을 이용해 단계별로 움직인다. 잠수함이 표적의 직후방에 들어가는 것과 동시에 사격을 개시한다. 사거리는 월광 상태에 따라서 달라지지만, 어떤 경우에도 6~8km를 넘어서는 안 된다.

   ii. 또는 적의 시계 언저리에서 위치 50~60 사이로 앞지르기를 시도할 수도 있다. 사거리 800, 위치 약 100까지 저속 또는 전속으로 개 침로로 접근하라. 6~7 DEZ(DEZ: 10도씩을 나타내는 단위인 Dezimal의 약자 -역자주)만큼 타를 강하게 꺾어 추격전 방향으로 가면서 사거리를 조금 줄여라. 원하는 침로에 들어오자마자 사격하라. 이 방법은 위험 지역을 빠르게 통과할 수 있다는 장점이 있다. 대신 적이 더 쉽게 관측할 수 있는 곳에서 공격을 해야 한다는 단점도 있다.

조리실에서 조리된 음식을 날라다가 식탁에 늘어놓고, 식사 후 뒷정리를 하는 것은 배식 당번의 몫이다. 배식 당번은 매일 한 사람씩 돌아가며 맡는다. 다만 감자 깎기 과업은 매일 기상 후 당직 근무자를 제외한 전 승조원이 나눠서 일제히 한다. 배식 당번은 하사관 담당과 장교 담당이 따로 있다. 배식 당번은 식탁을 정리하고, 통조림을 열어서 내용물을 접시 위에 털어놓는다. 함수 침실에서는 비번인 승조원들이 즐거운 휴식을 취하고 있다. 우현 최상단 침대에서는 기관사가 독서삼매경에 빠져 있다. 녹색 커튼이 쳐지고 조명이 꺼질 때까지.

iii. 또는 적의 시계 언저리에서 좁은 위치까지 앞지르기를 시
도할 수도 있다. 개 침로로 접근하며 위치 90에서의 사거
리가 5~8km가 될 때까지 말이다. 목표에 도달하면 일제
히 예고 없이 사격을 개시하고, 동시에 잠수함의 속도를
올려라. 함포를 사격하는 잠수함은 적함의 함미를 스쳐 지
나가면서, 적함을 향해 선회하거나 적함의 항적을 따라 추
격전을 벌이면서 적함과의 거리를 유지하고, 필요하다면
거리를 좁힐 수 있는 위치를 유지한다. 만약 적의 반격이

이 키 작고 마른 하사관은 이번에도 또 마지막까지 남아서 점심식사를 하고 있다. 식
탁은 승조원 침실의 침대들 사이에 놓인 접는 식이다. 메뉴는 베이컨과 통조림 고기,
콩 스프다. 또한 1인당 여러 점씩 소시지도 나온다. 식사 중 동료 승조원 16명이 이
하사관의 소시지를 뺏어 먹었다. 사진 속에 보이는 것은 다 뺏기고 남은 것들이다. 사
진 속 하사관은 촬영자를 보고 이렇게 말하며 웃었다. "뭐 하러 왔어? 뺏어 먹으러 왔
어? 아니면 사진 찍으러 온 거야?" 스트로보도 쓰지 않은 채로 찍힌 이 스냅 사진에
는 〈에르빈의 마지막 세 소시지〉라는 제목이 붙었다.

강력하다면 함수를 돌리고 속도를 높여 적함과의 거리를 늘린다.

    iv. 적함과 정면 대결하며 십자포화를 교환하는 것은 권장하지 않는다. 표적의 움직임과 방위 변화 때문에 사격에 필요한 계산을 유지하기 어렵다.

③ 두 번째 사격은 반드시 명중시켜야 한다. 적함의 함교와 상부 구조물은 큰 표적이며, 명중 시 빠르게 탄다. 적함을 빨리 불태워야 잠수함의 포술장이 그 화염을 보고 차탄을 조준하기가 쉽다. 그렇지 않으면 조준이 어렵다. 상황에 따라 사격을 적함의 특정 부위에 집중시켜야 할 수도 있다. M-34 기관포는 상당한 거리에서도 적의 저항을 제압할 수 있다. 만약 첫 함포 사격 이후에도 적이 계속 반격해 온다면 적절한 양의 사격으로 응사하라. 10.5cm 또는 8.8cm 함포탄 6~8발, 그리고 그에 상응하는 수의 3.7cm 또는 2cm 기관포탄을 사격하라. 잠수함을 적 근처에 너무 오래 두지 말고 적의 저항을 제압해야 한다. 적함을 빨리 격침시키려면 적함의 함수 또는 함미에 화력을 집중해야 한다. 선체 중앙에 맞으면 침몰시키더라도 느리게 가라앉는다. 적의 침로 앞에서 사격을 가하는 것은 피해야 한다. 포 발사 섬광이 시력에 악영향을 주기 때문이다.

d. 함포 기습 공격을 진행할 때는 제1당직사관이 표적 방향을 향해 철저한 견시를 유지해야 한다. 특정 상황에서는 적함에 대한 포격의 효과(적 반격 태세의 붕괴 등)가 나타나자마자 공격을 일시 중단하고 표적의 반대편으로 돌아가 그 뒤의 사각을 살펴야 할 수도 있다.

276 _ 포격전 중 적의 포격 정확성이 갑자기 매우 높아진다면, 잠수함은 바로 도주하거나 잠항해야 한다.

277 _ 적의 초계가 드문 해역에서, 이미 어뢰에 피격당한 적함에 함포로 사격을 가하면 함포 사격의 효과도 높을 뿐 아니라 어뢰를 아낄 수 있다. 기관이 멈춘 적함에 대한 공격은 적함의 전방 또는 후방에서 실시되어야 한다. 그것을 구분하는 기준은 함포의 배치다.

278 _ 함포 사격의 팁을 정리하면 다음과 같다.

    a. 함포 사격을 위해 부상하기 전, 포 요원들은 지휘통제실에 집합해 사격 준비를 마쳐야 한다. 필요한 모든 장비도 이미 준비가 되어야 한다. 특히 탄약은 바로 급탄이 가능한 상태여야 한다. 그래야 잠수함이 부상한 이후 함포 초탄 사격까지 걸리는 시간을 최소화할 수 있다.

    b. 부상 후 함포 사격을 실시할 때 함장은 항해 상태(수면 위로 잠수함이 충분히 부상했는지 여부도 포함)는 물론 함의 위치가 만족스럽지 않으면 절대 "사격 준비" 구령을 내려서는 안 된다.

    c. 탄약수를 포함해 포 요원 전원은 근무 중 반드시 안전벨트를 해야 한다. 근무 중 익수 위험은 매우 크다. 익수자 구조에는 귀중한 시간이 많이 들어간다.

    d. 탄약은 물과 습기로부터 철저히 보호되어야 한다. 젖은 탄약을 탄약 상자 속에 오래 놔 두면 탄약 상자가 파손될 수 있고, 이는 사격 중 차질을 불러올 수 있다.

e. 모든 함포 사격 중 공중과 수평선에 대해 늘 철저한 견시를 유지하라. 견시 근무를 태만히 했다가는 위험해질 수 있다.

279_ 공란

제6장

기뢰부설함으로서의 잠수함 운용

280 _ 잠수함은 적이 지배하여 아군 수상함이 갈 수 없는 해역에서도 운용될 수 있기에 기뢰부설함으로서의 가치가 있다.

281 _ 잠수함에는 적의 소해 활동을 방해할 만큼 두터운 기뢰원을 형성할 정도로 많은 기뢰와 관련 장비를 탑재할 공간이 없다.
2척 이상의 잠수함이 협력하여 기뢰를 부설하는 데는 항행상의 어려움이 따른다. 그리고 이러한 어려움을 극복해봤자 실익은 없다. 여러 척의 잠수함을 투입한다고 해도 적의 저지 작전으로 인해 한 척은 회피 기동이나 잠항을 강요당할 수도 있다.

282 _ 기뢰 부설 전용 잠수함은 효과적인 대규모 기뢰 부설 작전을 벌이는 데 더욱 유리하다. 이러한 잠수함은 더 많은 기뢰를 탑재할 수 있으므로 항구로 가는 좁은 수로에 제대로 된 규모의 기뢰원을 형성할 수도 있다.

283 _ 반면 어뢰 사격용 잠수함은 적의 항구에서 가급적 가까운 곳에 기뢰를 부설하는 작전에 더욱 유리하다. 적 해안에서 가까운 이러한 위치에 기뢰를 많이 부설하면 적함의 항행을 그만큼 더 크게 방해할 수 있다. 그

리고 적의 기뢰 탐지 및 소해 부대의 역량을 분산시킬 수 있다.

284 _ 효과적인 기뢰원 설치를 위해서는, 잠수함은 일출 전 적 항구에 가급적 가까이 접근, 일출 후에는 잠항하여 적 상선의 교통로를 주의 깊게 관측한 후 최적의 기뢰 부설 위치를 파악한 후 기뢰를 부설해야 한다.
야간 부상 시 기뢰 부설은 적 해안에 등화관제가 실시되고 있으므로 항행이 어렵다. 그리고 기뢰원 설치가 완료되기 전에 적 초계함에게 발각되어 기습 공격을 당해, 기뢰원 설치에 실패할 수도 있다. 그러나 전투 경험으로 보건대 특정 조건에서는 잠수함이 제대로 기동하기만 한다면 야간 부상 시에 적의 감시가 삼엄한 상태에서도 기뢰 부설을 실시할 수 있다.

285 _ 기뢰의 부설 간격은 촘촘해야 한다. 그래야 적이 안전하게 통과할 수 있는 통로가 좁아진다. 그리고 해류의 속도가 느리다고 파악된 곳에만 부설해야 한다. 그래야 기뢰 간의 최소 안전거리가 확보된다. 계류 기뢰 (TMA)는 잠수함에서 부설하기에는 좋지만, 바다의 움직임에 의한 잠수함의 횡요 때문에 재탐재 가능성은 제한적이다.

286 _ 공란
287 _ 공란
288 _ 공란
289 _ 공란

임무도 끝나간다. 잠수함에는 사관 식당이 있기는 있지만, 사물함과 침대들 사이에 있는 좁은 공간에 불과하다. 사관 식당의 접이식 의자는 낮에는 기관장의 휴게실로 쓰인다. 지금은 제1당직사관이 거기 앉아서 항해 일지를 쓰고 있다. 수많은 승조원들이 사관 식당을 지나쳐 가는데, 이곳은 함내의 복도도 겸하기 때문이다. 기관장은 빨리 제1당직사관이 일지 작성을 마치고 비켜 주기만을 기다리고 있다. 그래야 그 의자에 드러누워서 쉴 수 있기 때문이다. 그동안 그는 평소에 좋아하던 설탕 넣은 레몬차를 먹는다. 이들의 식사는 죄다 통조림이기 때문에 레몬은 필수다. 대부분은 레몬차를 만들어서 먹지만, 일부 승조원들은 그냥 생으로 먹기도 한다.

제7장

적 상선에 대한 잠수함전

A. 개괄

290 _ 적의 해상 보급로에 맞선 싸움, 즉 통상파괴전을 벌이는 잠수함은 적의 제해권에 도전하기에 매우 적절한 해군 병기다. 따라서 전시 잠수함이 적 상선에 대해 장기간 계속 승리를 거두면, 전쟁의 향방을 바꾸는 결정적인 전략적 요인을 제공할 수 있다. 해상 무역에 의존하는 적은 해상 무역이 끊기면 전쟁에서 지기 때문이다.

291 _ 통상파괴전에 대한 잠수함의 적합성 역시 은밀성에서 나온다. 따라서 잠수함은 어떤 해역에서건 적 해상보급로에 대해 공격을 벌일 수 있다. 적이 완벽한 제해권을 지닌 해역도 예외는 아니다.

292 _ 공란

293 _ 적은 상선을 무장시켜 해상보급로에 대한 아군 잠수함의 위협에 맞서고자 한다. 상선이 무장하면 잠수함 함포의 효과적 운용을 방해할 수 있다. 또한 잠수함에게 더 비싼 탄약인 어뢰의 사용을 강요한다. 그로써 잠수함 작전의 성공 확률을 낮추고 작전 전구 내에서의 잠수함의 효율적

체류를 방해하는 것이다.

294 _ 통상파괴전에 나서는 잠수함에 대한 적의 방어 수단은 또 있다. 군함의 호위를 받는 호송대 조직이다. 다수의 상선을 모아 호송대를 만들면, 항로의 모습은 평시에 비해 황량해진다. 호송대가 한 번 지나가고 나면 한참 동안은 배의 모습이 전혀 보이지 않는다.

이렇게 몰려다니는 상선들을 상대로 결정적인 승리를 거두려면 잠수함 여러 척의 집중 운용이 필요하다. 단 한 척의 잠수함만으로는 호송대에 큰 승리를 거둘 수 없다.

295 _ 통상파괴전에서의 잠수함 운용의 대원칙은 가급적 교통량이 가장 많은 곳에 잠수함을 배치하는 것이다. 해당 작전 중 잠수함은 좁은 연안

16개의 소시지를 뺏기고 대신 담배 한 대를 얻었다. 귀에 담배를 끼운 항해사가, 동료 승조원에게 함교탑에 올라가 흡연을 할 생각이 없냐고 묻는다. "이봐. 담배 한 대 하겠나?" 항해사는 유머러스한 사람이다. 인상은 무섭지만 언제나 추잡한 농담을 할 수 있고, 마음이 따뜻한 친구다.

해역에서도 자유롭게 기동할 수 있어야 한다. 그렇지 못하게 되면 잠수함은 고정적으로 운용될 수밖에 없다.

296 _ 충분한 수의 잠수함이 확보되면 이들을 적 항로상에 집합, 매복시켜 적 상선과 접촉시켜야 한다. 잠수함 간의 거리 간격도 충분히 돼야 한다. 전시에 적은 평시 항로를 쓰지 않고, 더 거리가 긴 우회로를 사용할 것이다. 따라서 평소에는 나타나지 않던 방향에서도 얼마든지 올 수 있다.

297 _ 우리 군 항공 기지에 있는 항공기들의 항속거리 내에서라면 적 해상 보급로에 대한 항공 정찰이 가능하다. 이 경우 적 해상 보급로에 대한

휴식 시간이다! 승조원 침실에서는 스캣(카드 놀이의 일종)이 한창이다. 두 명의 훈수꾼이 지휘통제실에서 해치를 통해 몸을 내밀고 게임 장면을 보고 있다. 둘 중 한 사람은 임시 끽연실로 쓰이고 있는 함교탑에 빈 자리가 나기를 기다리고 있다. 비번 인원이 입을 가죽 옷을 옷걸이로 쓰일 만한 모든 돌출부에 다 걸려 있다. 두 사람의 왼편에 보이는 것은 하사관용 접는 침대로, 녹색 커튼이 쳐져 있다.

전면전 시 공군과 잠수함 간의 활발한 상호 지원이 가능하다.

298 _ 공란

299 _ 공란

300 _ 공란

B. 상선 정선 절차

적 상선단에 대한 전투 중, 적 상선을 경고 없이 격침시킬 수 없을 경우에는 전쟁법에 따라 행동해야 한다.

301 _ 전시에는 기본적으로 모든 상선을 적으로 간주해야 한다. 따라서 잠수함으로 공격을 하려는 열의가 높더라도 상선을 정선시킬 때는 함장은 큰 주의를 기울여야 한다.

302 _ 상선으로 위장한 잠수함 잡는 덫은 어디에나 있을 수 있고 어떤 형태로건 위장되어 있을 수 있다. 모든 상선은 무장 상선으로 개조되어 대잠수함전에 사용될 수 있다. 적이 이러한 수법을 앞으로는 사용하지 않을 것이라고 생각하지 말라.《1914~1918년의 전쟁 경험》이라는 소책자를 참조할 것을 권한다.

303 _ 정선시키고자 하는 모든 상선은 우선 적절한 거리에서 잠항한 채로 외부를 관측해야 한다. 선급, 국적, 무장 여부를 확인하기 위해서다. 국적 및 선명 표지가 고정식인지, 교체가 가능한 것인지도 확인한다. 또한

이상한 상부구조물이나 수상한 현창 등이 있는지도 확인한다. 한편 이렇게 하는 중에도 최소 2발 이상의 어뢰를 발사 대기 상태로 둬야 한다.

304_ 잠항 상태에서 상선을 주의 깊게 검사한 후, 상선 뒤에서 충분한 거리(4,000m 이상)를 두고 부상하여 정선시킨다.

305_ 상대의 갑작스런 움직임에 대응하려면 다음과 같은 부분에 주의하라.

    a. 신속하고 결단력 있게 행동하고, 시간을 낭비하지 말라. 상대방의 의도적인 저항은 철저히 분쇄해야 한다. 저항하는 상선은 적으로 간주해야 한다. 상선이 즉시 정선하지 않는 경우, 무선 통신 사용을 시도하는 경우도 마찬가지다. 무선 통신을 사용하여 상선의 이름과 위치만을 알리고, 잠수함 등장을 알리지 않았더라도 위험하다. 또한 상선이 잠수함의 지시에 불응하거나, 탑재된 보트를 진수할 것을 지시했는데도 빨리 진수하지 않을 경우도 마찬가지다. 그러므로 초탄 사격까지 너무 오래 기다리지 말고, 여건이 허락한다면 이쪽의 지시를 이행할 것을 사격을 통해 강조하라.

    b. 임검을 위해 상선에 승조원을 승선시키지 말라. 상선에 사람이 없는 것처럼 보인다고 해도 마찬가지다. 상대방 상선의 서류는 상선에 탑재된 보트를 통해서만 확인하라.

    c. 상선이 정선해 있는 동안, 적정 거리를 유지하라. 4,000m 이상이어야 한다. 그리고 상선에 대한 폭로면적을 줄여라. 잠수함의 엔진 시동은 절대 끄지 말라. 절대 적 상선을 앞질러 가지 말라.

d. 잠수함은 언제나 상선 후방, 그리고 상선의 두 마스트를 잇는 직선상에 있어야 한다. 그래야 상선이 함포 사격을 가하기가 어렵다. 그 위치에 있으면 상선의 후방 함포밖에는 사용할 수 없다. 상선이 뱃전 방향을 돌린다든가 하는 기동을 하면 잠수함도 대응 기동을 해야 한다. 물론 정선한 배는 바다의 움직임에 따라 함수 방향이 틀어질 수밖에 없다. 그러나 이러한 기동이 계속 의심스럽게 이어지면 실탄 사격을 하라.

e. 언제나 긴급 잠항이 가능하도록 준비하라.

f. 불필요한 인원을 갑판 위에 두지 말라.

g. 전방위의 수상, 수평선, 하늘에 대해 최대한 철저하게 견시를 실시하라. 원거리뿐 아니라 근거리에도 실시해야 한다. 상선이 잠수함 덫으로 운용되고 있을 경우 수상함, 잠수함, 항공기를 포함한 모든 초계 플랫폼과 연계되어 있을 수 있기 때문이다. 상선 정선 중에 있을 수 있는 잡다한 일들 때문에 잠시라도 견시를 허술히 해서는 안 된다.

h. 시정이 나쁠 시 특별한 주의가 필요하다. 함포 사격 시 주변의 배들이 포 섬광을 보지 못하더라도 포성을 듣고 상황을 인지하고 최대 속도로 와 볼 수도 있다.

i. 상선이 정선한 후에는, 매우 믿음직한 승조원이 전담하여 감시해야 한다.

j. 상선에서 보트를 내리고 승조원이 잠수함에 접근할 때는 철저한 감시를 해야 한다. 상대가 갑자기 적대 행위(수류탄 투척 등)를 할 경우 효과적으로 대응하기 위해서다. 함교탑의 모든 인원들은 자동권총과 기관단총을 손닿는 곳에 두고 사격 준비를 해놓아야

함장은 대부분의 시간을 〈함장실〉에서 보낸다. 〈함장실〉이래 봤자 지휘통제실과 함수를 잇는 통로가에, 통신실을 마주하고 있는 작은 방에 불과하지만 말이다. 딱 한 명들어가 잘 정도의 넓이다. 그리고 U보트에 사생활이 보장되는 공간은 없다. 함장은 개인 침대에 앉아 휴식하면서 뭔가를 읽고 있다. 함장의 물품을 모두 수납하고 있는 사물함은 등받이 부분에 있다. 등받이 부분의 벽은 압력 선체의 곡선에 따라 휘어져 있다. 함장은 이미 방수복 하의를 입고 있다. 방수복 상의와 모자도 그의 옆에 걸려 있다. 그는 필요할 경우 방수복을 완전 착용하고 함교탑으로 달려갈 것이다.

한다.

306 _ 함장은 전쟁법의 가장 중요한 조항을 평소에 철저히 연구하여 암기해야 한다. 상선을 정선시킨 후 함교탑에서 전쟁법 책을 뒤적이고 있다가는 귀중한 시간을 잃게 된다.

307 _ 잠수함 함포 운용에 대해서는 제5장 제271~279번 항목을 참조하라.

308 _ 상선을 격침시키기로 결정했다면, 영거리(Fangschuss)에서의 어뢰 사격을 통해 신속 정확하게 실시해야 한다. 이를 위해서는 잠항한 후 상선 가까이까지 접근해야 한다. 상선 근처는 잠수함 덫에 걸릴 수 있는 위험 지대이므로 주의한다.

309 _ 예외적인 경우지만, 상선을 고폭탄으로 격침시켜야 할 때도 있다. 이때는 다음 사항을 염두에 둔다.

    a. 대형 상선의 경우 고폭탄을 1발만 쓰지 말라. 타격력이 약하다.

    b. 고폭탄을 여러 발(3발이 적당하다) 묶어서 배 내부에 설치하라. 상선이 기울어 있을 경우, 최소 수심 1m 깊이 위치까지 넣어야 한다. 고폭탄의 효과를 극대화하기 위해 상선에 완전히 들러붙은 채로 폭발시켜라. 물 밖으로 나온 상선의 부분에서 고폭탄을 폭발시켜 봤자 효과가 약하다.

    c. 고폭탄을 상선의 선실에 설치하지 말라. 그곳에서 폭발시켜 봤자 유의미한 효과가 나지 않는다. 그럴 시간이 있다면 차라리 훨씬 아래의 해수 코크를 열어라.

d. 고폭탄 여러 발을 묶어서 사용할 때는 신관을 언제나 하나만 사용하라. 신관을 2개 설치하고 두 신관이 동시에 격발된다면 고폭탄 간의 폭발이 간섭되어 폭발 효과가 반감된다.

e. 고폭탄 다발은 상선에서 제일 넓은 공간인 화물실과 기관실에 설치하라. 폭발로 인해 현창이 깨지고, 그로 인해 물이 들어올 때 선실 내의 공기가 빠져나갈 수 있도록 하라.

C. 호송대 대응 방법

310_ 적 호송대를 발견하여 공격하고, 또 공격하는 것이야말로 잠수함의 가장 중요한 임무다. 잠수함은 절대 적에게 내쫓겨서는 안 된다. 잠시 불리해져 잠항을 강요당하더라도, 계속 호송대를 추적하며 발견하는 대로 빈틈을 찾아 다시 공격해야 한다.

311_ 적 호송대와 접촉을 유지하며 공격할 때에는, 기지까지 귀환할 연료가 있는 한 연료 소비 같은 데는 신경쓰지 말라.

312_

a. 호송대 등 주요 표적을 발견했을 때는, 다른 잠수함의 공격을 유도하기 위해 그 사실을 즉시 보고해야 한다. 아직 공격을 하지 않았더라도 상관없다. 그리고 한 번 공격하면 다음 공격을 하기 전에 반드시 접촉 확인 보고를 한다.

b. 설령 명령이 없다고 해도 적을 공격하는 것은 가장 중요하다. 각 잠수함은 공격 실시를 가장 중시해야 한다. 물론 예외도 있다. 적

호송대와의 접촉을 유지하는 것이 주임무인 잠수함은 반드시 사령부의 명령에 따라 움직여야 한다.

c. 공격 의도를 다른 잠수함에 전파할 때는 단문을 사용한다. 이는 단문서 1, 4, 83페이지를 참조하라. 물론 이러한 무선 통신 때문에 적이 공격을 알아챌 수도 있다. 그러나 이러한 통신을 하지 않아서 다른 잠수함이 호송대를 전혀 접촉하지 못하게 되는 것보다는 낫다.

취침자들 앞에 일부분 펼쳐진 접이식 탁자에서는 스캣판이 벌어지고 있다. 참가자는 하사관 2명과 수병 1명(함수 쪽)이다. 조명등은 함의 작은 움직임에 맞춰 평온하게 흔들린다. 천정 속에 들어 있는 확성기에서는 독일 단파 라디오 방송이 나온다. 방송 시간은 밤 12시까지다. 반응이 시원찮으면 레코드 음악을 대신 틀어 준다. 조리실에서 기관실로, 혹은 그 반대로 가고자 하는 사람은 복도에 앉아 있는 사람들 사이를 헤쳐가야 한다. 침대 앞에 있는 금속 난간 덕택에 취침자가 굴러 떨어지지 않는다. 그러나 가끔씩은 한쪽 침대에서 반대쪽 침대로 사람이 떨어지기도 한다.

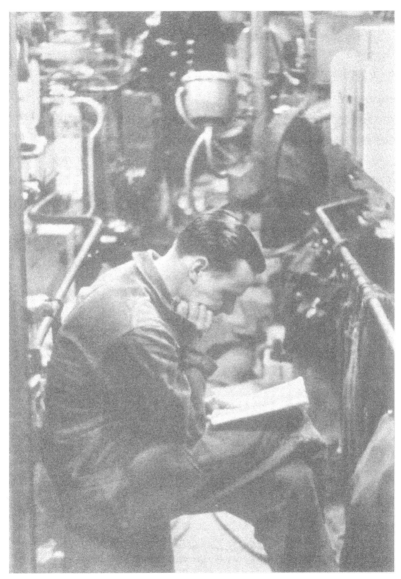

기관실의 기관 당직은 장비를 보는 것 외에는 할 일이 많지 않다. 즉, 늘 뭔가를 준비해야 하는 것이다. 기관 텔레그래프나 경보가 울리면 바로 일어나서 레버를 조작해야한다. 기관 당직 근무 시간은 6시간이다. 무수한 소설책이 수많은 승조원들의 손을 거치며 읽혀졌다. 복도에 놓인 커피 자루는 의자 대용도 된다. 폭풍우가 칠 때는 견시들이 착용했던 젖은 방수복을 안전 바에 걸어 말리기도 한다. 기관실은 U보트에서 제일 따뜻한 곳이기 때문이다.

313_ 호송대를 처음으로 발견한 잠수함의 숙련도에, 호송대에 맞서 싸우는 다른 모든 잠수함들의 공격 성패가 달려 있다. 호송대를 처음으로 발견한 잠수함의 임무는 계속 접촉을 유지하는 것이다.

314_

    a. 보고에 반드시 들어가야 하는 내용은 다음과 같다. 적의 위치와 침로, 속도, 적 호위세력의 함종과 전력, 배치다. 그리고 보충 내용으로 기상 상태도 들어가야 한다. 적 위치 보고에 대해서는 시정과 그에 따르는 거리 측정 오류 가능성에도 주의를 기울여야 한다.

    b. 가급적 빨리 적의 대략의 침로를 추측하고 확인하여 보고하라 (제2장 B 제115번 항목 참조).

315_ 잠수함은 공격 도중 완전한 정식 보고를 발신해야 한다. 그 원칙은 다음과 같다.

    a. 적을 처음으로 발견한 두 잠수함은 적과의 접촉을 유지하면서 매 시간 정식 보고를 한다.

    b. 이 두 잠수함이 계속 접촉 보고를 발신하는 한, 나머지 잠수함은 적과 접촉했을 때만 "접촉 성공!", 적과의 접촉이 끊어졌을 때만 "접촉 소실!"이라고 단문으로 보고한다.

    c. 접촉 유지자가 1시간 이상 보고를 하지 못하면, 다른 잠수함이 접촉 유지자 자리를 이어받는다. 이는 별도의 명령 없이 자동적으로 이루어져야 한다.

    d. 접촉 유지자가 적과의 접촉을 잃게 되면, 마지막으로 관측한 적

의 위치와 침로, 속도를 가급적 빨리 보고해야 한다.

e. 적 호송대와 접촉했으나 너무 오랜 잠항으로 인해 접촉을 잃어 버린 잠수함, 적에게 격퇴당한 잠수함은 자신들의 최종 위치를 보고해야 한다.

316 _ 접촉 유지자들은 공격을 시도할 때도 적절하게 움직여야 한다. 정확한 사격 데이터를 확보하고자 너무 가까이 다가가다가 적을 앞지르는 데 실패하고 공격도 실패해서는 안 된다.

317 _ 접촉 유지 잠수함이 계속 D/F 신호를 보내야 더 많은 잠수함이 호송대로 몰려올 수 있다. 접촉 유지자는 30분에 한 번씩 사령부에서 정한 장파 주파수를 통해 D/F 신호와 무선 통신을 보낸다. 통신 양식은 잠수함 함장 전시 정시 보고(St. Kriegsbor. B.d.U)에 맞춘다. 통신은 다른 잠수함의 요구, 또는 잠수함 사령부의 명령에 의해 발신한다. 때로는 이러한 조건이 없더라도 근처에 다른 아군 잠수함이 있다고 간주되면 함장 권한으로 발신할 수도 있다. 만약 함장이 D/F 신호를 발신하기로 결심했다면 그 전에 단파 통신을 통한 무선 메시지나 D/F 신호로 근처의 다른 아군 잠수함의 존재를 알고 있어야 한다.

318 _ 그러나 D/F 신호를 발신할 경우 접촉 유지 잠수함이 적에게 발견될 위험이 있다. 따라서 다음 요령에 따라 실시하라.

a. 추측 항법 결과가 옳고 시정이 좋다면 D/F 신호를 발신해서는 안 된다.

b. 추측 항법 결과가 틀렸고 시정이 매우 나쁘다면, 또는 계산된 접

촉점(erkoppelter Treffpunkt)에서 아무것도 보이지 않는다면 방향 탐지 신호를 발신한다.

319 다음은 접촉을 유지하고 앞지르는 데 필요한 규칙들이다.

a. 적의 가시권 한계에서 바로 앞질러라. 절대 적에게 발견되어서는

전기 기관사는 부하들과 장비의 기술적 측면을 논의하는 것 외에도, 고향에 대해 두고두고 이야기하는 것도 좋아한다. 전기 기관실도 따뜻하고 편안하다. 그리고 옆방인 디젤 기관실만큼 시끄럽지는 않기 때문에 대화하기도 더 편하다. 승조원들의 머리 위로 해먹이 흔들린다. 해먹에는 비스킷과 바삭한 빵이 가득 실려 있다. 장비 앞의 철봉에 앉을 때면 레버들이 등을 찌른다. 그 자리가 채워지면, 나머지 사람들은 바닥 위에 놓인 식량 자루나 상자 위에 앉는다. 잠수함 작전 시에는 자유 공간은 하나도 남김없이 식량 저장 공간으로 쓰인다. 별도의 의자를 들여놓을 자리는 없다.

안 된다.

b. 적함의 마스트 끝, 그리고 연돌에서 나오는 연기를 놓치지 말라. 연기만으로도 충분한 징후가 된다. 연기가 잠시 동안 보이지 않는다고 해도 접촉을 잃은 것이 아니다. 일정 시간 동안 보이지 않을 때에만 전진하여 접촉을 회복하라.

c. 최대한 철저한 견시를 유지하여 적함의 마스트를 계속 관측하라. 그리고 보이는 마스트 길이가 짧아지면 최대 속도로 따라잡아라. 동시에 적에게 들키지 않으면서 앞지르기를 시도하라. 적과의 거리가 너무 가깝다면 잠망경 수심으로 잠항하고, 충분히 멀어지면 다시 부상하라.

d. 현 위치가 호송대의 뒤라면, 호송대의 후방 호위 세력으로부터 너무 뒤처지지 않게 하라. 그러나 필요시에는 잠항하라. 그렇게 해야 접촉을 유지할 수 있고 추적을 지속할 시간을 얻을 수 있다.

e. 적 방향으로 최대한 철저히 견시를 유지하라. 적은 호위함을 호송대의 측면과 후면으로 보내 잠수함에 대한 기습을 시도할 가능성이 높다. 또는 호송대에서 상당한 거리를 두고 있던 호위 세력이 돌연 나타나 잠수함을 기습할 수도 있다. 잠수함의 행동 요령에 대해서는 c항을 참조하라.

320 _ 탁월한 전술을 사용하여 적 호송대에 대한 접촉을 유지하고 앞지르는 것과는 별개로, 접촉 유지자 및 후속 잠수함들의 결점 없는 항행이야말로 후속 잠수함 운용의 결정적 요인이다. 따라서 작전 전구에서 함장은 반드시 결점 없는 항행을 위해 모든 것을 다 투자해야 한다. 주간 내내 반

기관장과 기관사들이 손상 부위를 찾고 있다. 이 손상 부위 때문에 잠수함은 부상할 수밖에 없었다. 기관사들은 2대의 디젤 기관 중 하나를 멈춘 다음, 분해해서 망치와 줄 등 다양한 공구를 가지고 고친다. 그들은 자신들을 대서양의 철공업자들로 부르며, 자는 시간까지 줄여 가며 임무에 임한다.

복적으로 위치 파악을 해야 할 수도 있다. 속도가 떨어지고 바다의 움직임에 따라 표류하는 느낌이 들지 않게끔 경계해야 한다.

항법 착오가 발견되면 접촉 보고도 바로 정정되어야 한다. 그리고 이전의 오류에 대해 주의를 환기시켜야 한다. 후속 잠수함들도 접촉 유지자의 보고에서 문제를 발견하면 바로 이를 실시해야 한다.

321 _ 공격 절차 규칙에 대해서는 제1장 B 제25~35번 항목, 제2장 B 제105~124번 항목, 제2장 C 제134~136번 항목을 참조하라.

322 _ 모든 앞지르기 기동의 목적은 가급적 빨리 적을 공격하는 것이다. 부주의로 인해 이 목적에 지장을 초래해서는 안 된다. 따라서 앞지르기 시에는 적과의 거리가 먼 것이 가까운 것보다는 낫다. 너무 가까우면 적에게 쉽게 발견되어 잠항을 강요당하고, 공격할 기회와 시간을 잃을 수 있기 때문이다.

323 _ 적을 공격할 수밖에 없게 되었지만, 너무 어두워 잠항 시 어뢰 발사가 어려운 박명 시라면 부상하여 공격하는 것이 좋다. 그리고 너무 밝아적을 근거리에서 부상 공격하는 것이 어려운 새벽이라면 충분한 광량이확보되자마자 안전한 잠항 시 공격을 하는 것이 좋다. 제2장 B 제105번항목 d를 참조하라.

324 _ 적의 항공 및 해상 호위 세력이 너무 강해서 주간에 앞지르기가 불가능한 경우, 공격은 야간까지 연기되어야 한다. 그러나 이를 위해서는 잠수함은 주간에 최대한 앞지르기 기동을 해야 한다. 적어도 황혼경에는 호

송대와 나란히 움직여야 한다. 적어도 저녁 때까지는 앞지르기 기동을 포기해서는 안 된다.

325 _ 잠수함이 적 호위 세력에 의해 일시적인 잠항을 강요당할 때는 너무 오래 물속에 머물러서는 안 된다. 상황이 허락하는 한 가급적 빨리 부상하라. 그래야 더 빨리 움직이고 공격과 관측, 접촉 보고에 적합한 위치를 차지할 수 있기 때문이다.

326 _ 적 해상 및 항공 호위 세력이 있어도 접촉은 유지할 수 있다. 하지만 적 호위 세력이 강대할수록 공격 조건은 까다로워지고, 시간도 더 많이 걸린다. 그래도 잠수함 함장이 접촉을 유지하며 끈기와 결단력을 갖추고 행동한다면 공격은 가능하다. 주간에 공격을 성공시키지 못한다면 야간에라도 공격해야 한다.

    a. 호송대 인근에 있는 잠수함은 적의 ASDIC 운용이 발견되더라도 공격을 단념해서는 안 된다. ASDIC을 사용하는 적함의 거리는 확인할 수 없다. 무선 방향 탐지 계산기는 적의 방향 탐지 장치가 아군 잠수함을 발견할 수 있는 것보다 더 먼 거리에서 적의 방향 탐지 신호를 수신할 수 있다. 예를 들어, 수평선 너머의 적이 방향 탐지를 실시할 경우, 적은 아군 잠수함을 전혀 발견할 수 없다. 따라서 적은 아군 잠수함을 찾아야 공격을 해올 수 있음을 늘 기억하고, 잠수함은 생각보다 찾기 어렵다는 점 또한 기억하라. 그러므로 잠수함 함장은 자신과 견시를 믿어야지 계기의 노예가 되어서는 안 된다.

327 _ 야간 접촉 실패는 절대 공격 포기의 이유가 될 수 없다. 잠수함은

기관장과 기관사들은 모두 자기 분야의 전문가들이다. 잘 훈련된 정비사이자 엔지니어들이다. 그들이 타고 있는 배는 적을 향해 항해하고 있다. 아마추어들은 뛰어난 노동자이자 선원이자 병사들인 이들이 대서양에서 해낸 일들을 도저히 믿을 수 없을 것이다. 이들은 극도로 어려운 여건에서도 가장 어렵고 필요한 수리를 해냈다.

적의 항적을 끈질기게 추적해야 한다. 추적은 호송대의 첫 적함을 격침시킬 때까지 수 일이 걸릴 수도 있다.

328 _ 접촉을 유지하는 동안 제일 신경을 써야 하는 시간대는 낮에서 밤으로 넘어가는 때다. 이는 특히 대서양, 그것도 저위도 해역에서 더 큰 주의를 기울여야 한다. 이곳의 박명은 매우 짧아, 순식간에 낮에서 밤으로 바뀐다. 밤이 되면 잠수함은 낮과 거의 동일한 적과의 거리를 유지할 수 있으며, 최대속도를 낸다면 순식간에 그 거리를 좁힐 수도 있다.

물론 적이 야간에 속도를 높여 도망갈 가능성도 염두에 둬야 한다. 추적해 오는 잠수함을 떼어내기 위해, 이제까지 보여 주었던 지그재그 패턴을 버리고, 중대한 침로 변경을 하는 것이다. 게다가 일몰시에는(물론 주간이라도 시정이 나쁠 때도 마찬가지다) 적은 호위 세력 중에서 속도가 빠른 배를 보내 호송대 후방을 초계하는 경우가 많다. 그 목적은 잠항 상태에서 호송대를 추적하던 잠수함을 내쫓고, 더 이상 호송대를 찾지 못하게 하기 위해서다. 그리고 그 와중에 잠수함이 알아채지 못하게 침로를 바꾸는 경우가 많다. 잠수함들의 접촉을 막고 접촉 유지자를 내쫓기 위해 움직이는 이들 호위함들은 침로를 바꾸는 척 하고 반드시 호송대 본대로 돌아간다.

329 _ 접촉 보고에 따르면 호송대 대항 작전 시 호송대와의 접촉점은 언제나 호송대의 상당 거리 앞에 설정되어야 한다. 시정에 따라 호송대 10~14해리 앞이다.

330 _ 접촉 보고를 받은 잠수함이 호송대 앞 적절한 거리에 있다면, 호송대와 접촉하기 위해 상당한 주의를 기울여야 한다. 그렇지 않다면 너무 앞서 나가다가 호송대를 놓칠 수 있다.

331 _ 적 호위 세력의 골치 아픈 군함들은 기회가 있는 대로 격침되어야 한다. 호위 순양함, 구축함 등을 격침하면, 이미 호송대와 접촉했거나 이를 공격 중인 잠수함에게 유리하다.

332 _

　　a. 호송대를 처리하는 도중에는 잠수함 덫도 신경써야 한다. 잠수함 덫들은 호송대 대열 최후미의 상선 속에 머물거나, 엔진 고장이 난 것처럼 가장해서 뒤에 처지라는 지시를 받고 있다. 이는 공격해 오는 아군 잠수함을 공격하기 위해서다. 아군 잠수함을 호송대 본진에서 이탈시킨 후 공격하려는 것이다. 그러므로 호송대 뒤에서 항해 중인 상선을 공격할 때는 늘 주의하라.

　　b. 여러 척의 호위함들이 연기를 구름처럼 뿜어내며, 잠수함을 기만하여 호송대에서 이탈시키기 위해 호송대 후미에 모여 있는 모습이 관측되었다. 잠수함 함장들은 이런 전술에 기만당해서는 안 된다. 접촉한 것이 진짜 호송대인지가 불확실하다면 함장은 접촉 보고에 '큰 연기 구름', '연기를 대량으로 뿜어내는 배들' 등 해당 상황을 나타내는 표현을 반드시 넣어라.

333 _ 호송대 공격에 여러 척의 잠수함이 사용될 경우, 그중 어떤 잠수함도 어뢰가 고갈되었다는 이유로 추적을 중단해서는 안 된다. 어뢰가 없더라도 계속 호송대를 따라가면서 접촉을 시도하고, 접촉을 유지해야 한다. 표적이 없더라도, 접촉 유지자로서 가장 좋은 위치를 점해야 한다. 그 좋은 위치란 시간의 변화와 태양과 호송대, 잠수함 간의 위치에 따라 달라진

기관은 다시 수리되어 제 성능을 발휘하고 있다! 기관을 수리해 낸 기관 당직은 자신
들의 성과를 자랑스러워한다. 그들은 그럴 자격이 있다. 그들은 수 시간 동안 힘들게
일했다. Kujambel(주스)이라고도 부르는 땀과 윤활유에 범벅이 되어서 말이다. 그 결
과 이들은 수리해 낸 엔진, 그리고 기관장과 함께 사진을 찍고 있다. 이들은 몸을 씻
은 다음 옆 선실에 있는 깨끗한 빈 침대로 자러 간다. 물론 좀 있으면 다음 당직 시간
이지만 말이다. 이들은 그런 특별 대우를 받을 자격이 있다. 물론 잘 했다고 술은 없
다. 전투 임무에 나서는 잠수함에는 술이 탑재되지 않는다.

다. 그리고 계속 무선 통신을 해야 한다. 물론 탄약이 없는 잠수함은 가능하면 빨리 후퇴시키는 것이 좋다.

334 _ 접촉이 소실된다면 잠수함들은 체계적인 수색을 해야 한다. 함장이 제일 먼저 알아야 할 것은 적 호송대의 정확한 위치다. 이는 함장 본인의 관측과, 다른 잠수함의 보고를 통해 알 수 있다. 그 이후 잠수함은 최고 속도로 정찰 초계를 실시해야 한다. 시정이 나쁘고, 야간일 경우 빈번하게 잠항하여 청음기를 사용하라. 방향 탐지 청음이 처음에 좋은 결과를 내지 못할지라도 포기하지 말고, 다시 잠항하여 재시도하라.

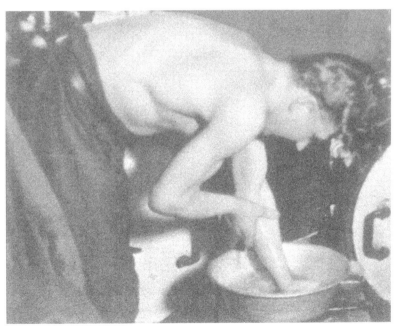

잠항 전, 하사관이 더러워진 몸을 신속하게 씻고 있다. 부상 시에도 목욕도구와 목욕물은 마음대로 쓸 수 없다. 항해 중 목욕물(뜨거운 청수)의 지급 기준은 승조원 1인당 3주에 3리터뿐이다. 그 외에 사용할 수 있는 물은 바닷물, 또는 어뢰에서 얻은 윤활유 섞인 청수뿐이다.

335 _ 호송대 추적 중 다른 잠수함들을 만나면 발광 신호, 또는 육성 통신이 가능한 거리까지 접근하여 기록 내용을 비교하고 정찰 계획을 짜라.

336 _ 항공기 관측, 상선 항적, 혼자 돌아다니는 적함, 청음기, 폭발, 오성 조명탄 등으로 추론한 호송대의 대략적인 위치, 성공하지 못한 정찰 초계의 침로 등이라도 모두에게 무선 통신으로 보고되어야 한다. 그래야 정확한 위치 파악을 위한 단서로 쓰일 수 있다. 특히 사령부에서 전달한 적의 위치가 잘못되었다는 것이 드러났을 때 말이다. 상황의 전술적 가능성에 대해 정확한 개념 파악을 하는 것이야말로 정확한 보고를 위한 전제조건이다.

337 _ 잠수함이 주도적으로 공격하는 것이 아닌, 유도 공격에 의해서만 적과 접촉할 수 있다는 느낌이 들면 특정 그룹을 결성하라는 명령을 내린다. 이 책의 제349번 항목, 그리고 〈해상전 지침('S.A.' ⅡC)〉에 따라, 지향성 정찰 수단과 구역별 정찰 수단이 있다.

338 _ 지향성 정찰 수단의 경우, 각 잠수함에게는 수색할 띠 모양의 특정 해역이 할당된다. 이 해역은 적이 통과할 것이라는 가정하에 지그재그 항로를 그리며 고속으로 철저히 수색되어야 한다. 지그재그 항로의 횟수와 각도, 그리고 수색의 강도는 날씨와 시정, 잠수함의 속도에 달려 있다.

339 _ 상기 이유로 수색할 해역을 여러 구역으로 분리할 경우, 한 구역당 1척의 잠수함을 배당해야 한다. 그리고 구역의 맨 위는 호송대의 마지막으로 알려진 위치가 되어야 한다. 수색은 가급적 맨 위부터 실시되어야 한다. 수색할 해역 전체는 잠수함의 지그재그 항로와 분리된 여러 구역들로

잠항 중 지휘통제실의 당직사관이 당직근무를 서고 있다. 눈에 띄는 것은 없다. 기관장이 조타수 중 1명의 역할을 대신하고 있는 것 말고는 말이다. 통상 조타수 2명이 배치되어 함수 및 함미 잠타를 조작한다. 사진 촬영 당시 이들은 시정이 너무 나쁘자 기상 상태가 개선되기를 기다리며 수 시간 동안 잠항해 있었다. 당직사관은 뭔가를 읽고 있다. 그는 조타수와 마찬가지로 지도 찬장 위에 녹색 가죽 쿠션을 깔고 앉아 있다. 모든 것이 평화롭고 조용하다. 변압기의 윙윙거림이 아주 작게 들릴 뿐이다. 비번 인원들은 모두 자유시간을 즐기고 있다. 잠수함의 상태는 매우 좋고 안정적이라, 어떤 인원은 잠이 들기도 한다.

빈틈없이 뒤덮여, 기존에 보고된 적 호송대의 침로가 가질 수 있는 최대 한계까지를 다 살필 수 있어야 한다. 또한 수색은 해역의 가장자리까지 최고 속도로 실시되어야 한다. 일단 수색 해역의 외곽에 도달하면 호송대가 느린 속도로 해역을 지나쳤다고 판단될 때까지 그곳에 남아 있든가, 아니면 내부 해역에 대해 수색을 시작해야 한다.

    a. 잠수함이 수색을 중단할 수 있는 경우는 불가피한 다른 임무를 지시받았을 때뿐이다. 이런 경우 수색 작전 포기는 즉시 보고되어야 한다. 사령부가 자신에게 준 임무를, 사령부가 알지 못하는 이유로 계속하는 것이 부적절하다고 생각하는 잠수함 함장이 있을 경우 그 이유를 밝히고 후속 명령을 요청해야 한다.

    b. 접촉 유지 잠수함이 어뢰를 재장전하다가 접촉을 소실해서는 안 된다. 따라서 다음의 행동 요령이 필요하다.

    ① 가능하다면 재장전은 부상 시에만 접촉을 유지하면서 실시한다. 동시에 잠수함은 언제라도 잠수할 수 있도록 주의가 필요하다.

    ② 해상 상태상 잠수함이 잠항 후 재장전을 할 수밖에 없다면, 적 호송대와의 접촉을 방해하지 않는 한에서 가급적 많은 어뢰를 발사관에 장전하라. 즉, 일단 잠항한 후, 어뢰 1발을 장전하고 바로 부상해 호송대를 추적하고, 호송대를 따라잡으면 다시 잠항해 어뢰를 장전하는 것이다.

    ③ 기상 상태가 확연히 개선되고, 공격 기회가 있다면 부상 후 재장전이 가능할 때까지 기다린다.

    ④ 어뢰 재장전 준비는 잠항 전에 완료되어야 한다!

제8장

정찰 및 공격을 위한 잠수함 집단 운용

A. 일반론

340 _ 공동 공격의 목적은 다수의 잠수함과 적함 1척을 접촉시키고, 접촉을 유지하고, 격침하는 것이다. 이 적함은 잠수함 또는 다른 정찰 자산에 의해 발견된 것이다.

이러한 목표는 적에 대한 집요한 추적과, 접촉 유지자의 확실한 메시지 전파, 최초 접촉 보고를 수신한 다른 잠수함들의 주도적인 즉각 조치로 달성할 수 있다. 예외적인 상황에서만 이러한 독립적인 조치를 취할 것을 특별히 명령할 수 있다.

호전적인 투혼, 신속한 결정력, 자발성, 인내력, 실수 없는 기량 발휘, 다른 잠수함을 불러 공격에 합류시키려는 의지, 무엇보다도 함장 본인이 공격하려는 의지야말로 승리의 전제 조건이다.

341 _ 적에 대한 공동 작전 시에는 정찰과 공격의 구분이 없다. 만약 특정 조건하에서 이 중 한 가지만 실행 가능하다면 공격을 무조건 우선순위에 둬라.

이러한 기본 원칙과 어긋나는 행위는 그때그때의 상황에 맞춰 신중하게 허가해야 한다.

B. 지휘 체계

342_ 잠수함의 배치와 편성, 작전 및 전술 지휘는 통상 잠수함 사령부 (B.d.U.)가 맡는다.

전대

343_ 상당한 수의 잠수함이 모인 경우, 잠수함 전대를 편성할 수 있다.

전대장

344_ 잠수함 사령부가 전대장을 임명한 경우, 전대장은 해당 전대의 전술 지휘를 맡는다. 전대장이 임명되지 않은 경우 잠수함 사령부가 전대의 전술 지휘를 맡는다.

파울은 잠들기 전 함내 도서관의 소설을 몇 페이지나마 읽는다. 물론 그 와중에도 승조원 침실에서 오고가는 농담에도 낀다. 파울은 소집된 예비역이고, 소집 전에는 민항선 선원이 직업이었다. 그 덕택에 그는 젊은 현역 승조원들을 마음대로 가지고 논다. 그의 건조하고 가시돋쳤지만 따뜻한 유머는 발군이다.

전대장이 명령을 내릴 수 없고 현장에서 보이지 않는 경우, 대직자가 임명되지 않는 한 그의 임무는 잠수함 사령부가 맡는다.

345 _ 전대장의 전술 지휘는 접촉 소실 시 적을 탐색하는 것, 즉 정찰대 또는 전방 초계대 편성 등으로 한정되어야 한다.
잠수함 사령부의 명령을 실행할 수 없을 경우 전대장은 그 사실을 잠수함 사령부에 보고해야 한다.

지휘통제실에서 하사관이 당직근무를 서고 있다. 몸을 구부리고 미소를 지은 채로 하루하루를 보낸다. 그의 근무 위치는 지도대다. 그의 왕국이다. 정밀 기기들로 가득하다. 그는 어떤 상황에서도 누구에게나 농을 건넨다. 그는 침체된 분위기를 끌어올려 준다. 14번의 임무에 출동한 그는 이미 철십자 훈장을 수여받았다. 뛰어난 재담꾼이면서 믿음직하고 아는 것 많고 책임감도 높은 그는 가치를 따질 수 없는 인재다. 무슨 일이 생기면 그는 비번 때라도 어지간해서는 잠이 들지 않는다.

346 _ 잠수함 사령부의 명령은 전대장의 명령보다 우선한다.

347 _ 공란

348 _ 공란

C. 전투 위치 방법과 편성

편성

349 _ 공동 공격에 늘 통하는 황금률은 없다. 그러나 작전 목적에 맞게 중요 해역에 공격 구역, 전투 위치, 대기 위치, 정찰 초계, 전방 초계 등을 편성하기는 해야 한다.

350 _ 모든 공격 진형에는 한 위치에 한 척의 잠수함만 배치해야 한다.

공격 구역

351 _ 공격 구역은 잠수함 한 척에 배당된 작전 전구의 일부다.
이러한 방법은 초계할 해역이 넓고 적 교통량에 대한 정확한 정보가 없을 때 쓰인다.

각 잠수함의 공격 구역은 구획, 경도, 위도 등으로 정의되어야 한다. 공격 구역이 특정 심도의 구획으로 정의될 때, 여기서 말하는 심도는 사전에 정해진 구역의 직경을 의미한다. 예를 들어 "공격 구역 X의 심도는 20해리"라는 말은, "공격 구역 X는 그 중심으로부터 반지름이 10해리인 원형의 구역"이라는 뜻이다.

이동의 자유, 공격 구역 내에서의 공격 권한

352 _ 각 잠수함은 배낭된 구역 내에서 표적 탐색을 위한 완벽한 항행의 자유를 누린다. 공격할 가치가 있는 모든 표적은 반드시 공격해야 한다.

공격 구역에서의 철수

353 _ 다음과 같은 경우 잠수함은 공격 구역에서 철수해야 한다.

   a. 잠수함이 현재 적과 접촉 중이거나 적과 접촉한 적이 있는데 공격 구역을 벗어나서 적을 공격하거나 공격을 속행해야 할 경우

   b. 다른 잠수함이나 잠수함 사령부의 보고에 의거하여, 근처에 있는 호송대 및 집중 운용되는 적함들에 맞서 독립 작전을 수행해야 할 경우

   공격을 완료한 잠수함은 정찰 구역으로 후퇴해야 한다.

354 _ 불가피한 상황, 특히 적의 반격이 매우 강력하여 더 이상 현 위치를 고수할 수 없을 때에도 잠수함은 공격 구역에서 철수해야 한다. 공격 구역에서 철수하면 즉시 그 사실을 보고해야 한다.

355 _ 공란

전투 위치 분배

356 _ 전투 위치 분배의 목적은 지침 또는 명령에 명시된 특정 적 부대와 접촉하기 위함이다.

   전투 위치는 지침 또는 명령에 정의되어 있다. 그 구역은 특정 심도를 지닌 구획(제351번 항목 참조) 또는 특정 심도를 지닌 지리적 지점의 방식으

로 제시된다.

전투 위치 배치

357 _ 사령부 지침에서 잠수함의 진형과 위치를 특정하지 않았다면, 잠수함 함번에 따라 위치를 배정한다. 즉, 가장 낮은 함번의 잠수함이 첫 번째 위치에, 그다음으로 낮은 함번의 잠수함이 두 번째 위치에 배치되는 식이다.

지침에 하루 중의 특정 시각이 나와 있다면 그 시각까지 해당 위치에 잠수함을 모두 배치해야 한다.

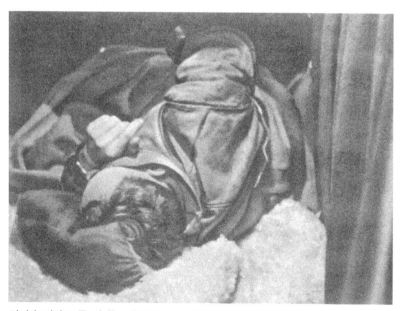

어디 눕더라도 목 뒤에는 따뜻하고 부드러운 모피제 재킷 칼라가, 몸 위에는 언제나 습기를 머금은 울 모포가, 얼굴에는 물방울이 닿을 것이다. 승조원들은 보통 눕자마자 잔다. 바다가 아무리 아름다워도, 전우들과 라디오그램의 소리가 아무리 시끄러워도 말이다. 그래야 체력을 회복할 수 있다.

전투 위치 작전

358 _ 표적이 발견 및 보고되는 즉시, 잠수함은 전투 위치에서 표적에 대해 작전한다.

전투 위치에서의 공격 권한

359 _ 지침 또는 명령에 명시되지 않은 표적을 공격할 수 있는 경우는 다음과 같다.

     a. 주표적 공격에 지장이 없는 경우

     b. 주표적만큼 가치가 높은 경우

     c. 순양함급 이상의 적함일 경우

이제 상륙 준비다. 갑판장과 기관장은 이미 정박을 기다리고 있다. 하느님과 성 안나의 가호로 우리는 살아남았다. 지상에는 이미 귀항을 환영하기 위해 군악대가 집합했다!

전투 위치 포기

360 _ 잠수함이 직접 발견한 표적에 대한 공격을 계속하기 위해서라면, 또는 제354번 항목에서 열거한 이유로 전투 위치를 포기할 수 있다.

361 _ 공격 권한의 한계 또는 연장은 작전 명령으로 정한다.

362 _ 공란
363 _ 공란

대기 위치

364 _ 대기 위치는 전투 위치로 가기 전의 예비 위치다. 주어진 표적의 세부 정보가 없고, 주요 표적의 보고를 수신한 잠수함 사령부가 공격 결심을 유보할 때 쓰인다.
대기 위치의 배치에는 제356, 357번 항목의 전투 위치 배치와 같은 원칙이 적용된다.

대기 위치에서의 공격 권한

365 _ 다른 명령이 없다면, 대기 위치의 잠수함들에게도 공격 권한이 주어진다. 전투 위치의 잠수함들의 표적과 동일한 가치의 표적, 순양함급 이상의 군함 등이 그 공격 대상이다. 단, 후자에 대한 공격은 전자에 대한 공격에 지장이 없는 선에서만 실시한다.

대기 위치 포기

366 _ 다음과 같은 경우 잠수함은 대기 위치를 포기할 수 있다.

a. 제359번 항목에 명시된, 잠수함이 직접 접촉한 표적에 대한 공격을 계속해야 하는 경우

b. 잠수함 사령부의 명령 또는 전대장의 허가가 있는 경우

c. 제354번 항목에 명시된 경우

367_ 공란

368_ 공란

중심

369_ 명령에 '중심'이라는 말이 있다면, 잠수함은 우선 그 '중심' 근처에서 작전해야 한다. 만약 '중심'의 적의 방어가 강력하거나, 공격 성공할 확률이 없다면 구역의 변두리에서 전방위 기습을 가할 수도 있다. 그러나 기습을 한 후에는 반드시 '중심'으로 돌아와야 한다.

정찰과 전방 초계(A.St.와 Vp.St.)

370_ 정찰과 전방 초계는 청음기로 넓은 해역을 초계하고 특정 표적과 접촉하기 위해 실시된다.

지침과 명령에는 초계 시작 지점과 종료 지점이 명시되어 있다. 명령서에 처음으로 언급된 잠수함은 시작 지점에, 마지막으로 언급된 잠수함은 종료 지점에 배치된다. 그 외의 잠수함들은 명령서에서 언급한 순서대로 시작 지점과 종료 지점 사이에 같은 거리 간격으로 배치된다.

정찰 초계의 전진과 그 방향

371_ 정찰 초계의 전진 방향과 속도는 명령서에 침로, 속도로 제시되어

있다. 그것들은 해당 해역을 건너는 각 잠수함의 평균 침로와 평균 속도로 이해해야 한다.

위치선까지 나아가라는 명령이 내려오면, 사전에 정해진 시간까지 위치선에 도달해야 한다. 물론 해류와 바다, 바람의 움직임을 먼저 감안하여 각 잠수함의 평균 침로와 속도를 계산해야 한다.

전방 초계는 정찰 초계와는 달리 잠수함의 위치를 바꾸지 않는다.

정찰 초계 및 전방 초계의 행동 반경

372_ 정찰 초계와 전방 초계에 나선 각 잠수함의 정찰 구역은 다음과 같이 계산된다. 우선 각 잠수함을 위해 계산된 지점으로부터 초계 방향의 좌우측 양면까지의 거리, 그리고 거기에서부터 옆 잠수함까지와의 거리의 중간 지점까지다. 첫 잠수함과 마지막 잠수함의 정찰 구역은 잠수함 간의 간격의 절반까지 늘어난다.

정찰 초계와 전방 초계 공히, 작전 심도는 없다. 단, 제373번 항목에 나오는 임무를 달성하는 데 필요한 경우에는 예외다.

정찰 및 전방 초계 구역의 심도

물론 예외적인 경우, 제351번 항목에 따라 정찰 및 전방 초계 지침에 심도 및 각 잠수함의 정찰 구역의 크기(정찰 거리)가 제시될 수도 있다.

정찰 및 전방 초계에 나서난 각 잠수함을 위한 작전 지침

373_ 지침에 나와 있지 않은 한 각 잠수함이 정찰 구역 내에서 규칙적인 움직임을 할 필요는 없다. 정찰 구역 내에서 필요한 것은 평균 침로와 속도를 유지하는 것뿐이다.

그 밖의 사항을 따지자면, 각 잠수함은 정찰 구역에서 알아낸 상황에 가장 잘 맞는 방식으로 작전해야 한다. 전방 초계 방향, 또는 그 반대 방향으로 움직이거나, 정찰 구역의 앞쪽으로 지그재그 항행을 한다거나, 어두운 수평선을 향해 이동한다든지, 청음기 사용을 위해 잠항한다거나, 바람과 바다의 움직임을 감안한 현명한 침로 설정 등으로 말이다. 동시에 엔진의 연비는 최대한 높여야 한다. 고속 항행은 지침에서 정하는 때에만 실시한다.

정찰 및 전방 초계에서의 공격 권한과 위치 철수

374 _ 공격할 가치가 있는 모든 표적은 지침에서 금하지 않는 한 공격해야 한다.

각 잠수함은 다음의 경우 정찰 구역에서 철수해야 한다.

　　a. 접촉했거나 접촉하고 있는 적을 공격해야 하는 경우

　　b. 정찰 구역 또는 전방 초계 구역에서 보고된 호송대와 군함들을
　　　공격해야 하는 경우

공격이 완료되면 잠수함은 정찰 구역으로 복귀해야 한다.

D. 작전 구역에서 적과 접촉하기 전후의 행동 요령

적에게 보여서는 안 된다.

375 _ 어떤 위치에서건 공격 전에 적에게 보이지 않는 것이야말로 철칙이다. 따라서 각 잠수함의 행동은 제1장 b)의 원칙을 따라야 한다.

항행의 자유

376_ 잠수함은 주어진 한계 내에서 주도권을 갖고 움직일 수 있다. 다양

함장이 6주간 기른 수염이다. 승조원들도 모두 마찬가지다!

탁 트인 공간에 다시 나와 처음으로 피우는 담배의 맛이란! 이 하사관은 기뢰원에 대
비해 구명복을 입고 있다. 그는 항해 도중 한 번도 갑판 위로 나와 본 적이 없었다. 그
러나 모든 괴로움은 곧 잊혀졌다. 이번 항해는 헛되지 않았다. 그 사실을 상기할 때마
다 자랑스럽고 행복해진다.

한 위치, 예상되는 적의 위치, 적의 방어력, 기상 상태, 기타 조건들을 감안하여 공격에 가장 유리한 조건을 찾아야 한다. 함장의 역량에 따라, 답은 얼마든지 나올 수 있다.

공격 권한

377 _ 공격 권한에는 다양한 위치와 수단을 점하고 공격 명령을 내릴 권한이 포함된다.

지극히 의심스러운 상황이 되면, 함장은 공격하는 쪽으로 결정해야 한다. 성공적인 공격은 언제나 이득이다. 반면 기회를 놓치면 어떤 이득도 얻을 수 없다.

일반 보고

378 _ 보고 시 함장은 다음과 같은 사항을 늘 자문해야 한다.

 a. 사령부와 다른 잠수함들이 알아야 할 위치 정보는 무엇인가?

 b. 사령부와 다른 잠수함들이 알아야 할 새 위치 정보는 무엇인가?

 c. 지금 여기서 보고를 송신해도 다른 잠수함에게 악영향을 주지 않는가? 지금 송신할 보고는 그런 위험을 무릅쓸 만큼 중요한 것인가?

 d. 만약 보고를 한다면, 사령부가 중요시하는 다른 정보는 없는가?(예를 들어, 기상, 전과, 연료 및 어뢰 잔량 등)

 e. 보고 작성 후 전송 전, 발신자의 소속과 관등성명을 가급적 분명히 소개했는가? 그러지 못할 경우 상대방이 오인할 수도 있다.

379 _ 적이 아군 잠수함의 위치를 확실히 알고 있는지 여부는 아군 잠수

함 사령부에게 매우 중요한 정보다.

따라서 작전 구역 내의 적에게 확실히 발견된 잠수함은 그 사실을 단문으로 보고해야 한다.

380 _ 공란

381 _ 공란

중요 표적과의 접촉 유지

382 _ 공격은 언제나 가장 큰 우선순위를 지닌 활동이다. 그러나 잠수함들을 보내 실행해야 하는 공격 활동이 사전에 정해져 있지 않다면, 잠수함들은 중요 표적과의 접촉부터 먼저 실시해야 한다.

중요 표적은 다음과 같다.

    a. 호송대

    b. 집중 운용되는 군함들

    c. 지침에 우선순위를 갖고 있는 표적들

그 밖의 표적들과의 접촉이 유지될 경우, 그리고 다른 잠수함들이 자기들의 구역을 벗어나 공격을 할 경우는 작전 명령 또는 특별 명령을 통해 규정되어야 한다.

잠수함이 중요 표적과 접촉할 경우, 공격 가능한 거리 내에 있는 모든 잠수함들이 협동해야 한다. 중요 표적 공격은 잠수함 함장과 승조원들에게 평생 잊지 못할 시간이 될 것이다.

'접촉 유지자'

383 _ '접촉 유지자' 잠수함은 그 자신의 공격 여부에 대한 사전 판단을

하지 않고, 모든 수단을 사용해 표적과 접촉을 유지하고, 추적하며, 접촉을 소실했다면 다시 접촉해야 한다. 접촉 유지자의 성공은 기술과 결단력에 달려 있다.

'접촉 유지자'의 메시지 전송은 제314, 315번 항목을 참조하라.

특별한 경우의 접촉 유지

384 _ 상기 지침(명령)에서는 중요 표적과의 접촉을 유지하는 잠수함은 개별 상황의 특수 환경(예를 들면, 손상된 적함 또는 대형 상선)을 이용하여 접촉을 유지하고 공격하는 데 함장의 결정을 배제하지 않는다. 이러한 경우 잠수함 사령부는 명령을 통해, 발견된 표적에 대해 접촉 유지 잠수함에게 접촉을 유지할지, 아니면 다른 잠수함들을 투입할지를 정한다.

접촉을 유지하지 않고 보고 제출

385 _ 작전 명령에서는 접촉을 유지하지 않고도 보고를 제출해야 하는 경우를 규정하고 있다.

다른 잠수함들에 의한 공격

386 _ 중요 표적 접촉에 대한 최초 보고를 수신한 근처의 모든 잠수함들은 해당 표적에 대한 작전에 임한다. 공격 명령은 필요 없다. 대기 위치를 제외한 모든 작전 구역 제한은 해제된다. 즉, 대기 위치에 있는 잠수함만이 공격 명령이 있어야 공격할 수 있다.

함장들은 거리를 따지다가 공격에 지장을 초래해서는 안 된다. 표적으로부터 400해리 이상 떨어진 곳에 있는 잠수함이라도, 표적에 접근해서 공격에 성공할 수 있다.

공격 시에는 함장과 승조원들의 기술과 결단력, 전투 준비 태세가 갖춰져야 대승리를 거둘 수 있다.

387 _ 공란

388 _ 공란

389 _ 공란

390 _ 공란

제9장

어뢰의 사용

391 _ 모든 공격 기회는 신속하고 결단력 있게 이용되어야 한다. 대부분의 작전 전구에서 어뢰 명중 기회는 드물다. 그러므로 공격 시에는 어뢰를 아낄 생각을 마라.

392 _ 어뢰는 언제나 최대한 신속히 사용할 수 있어야 한다. 예기치 못한 공격 기회에 언제라도 대비하라. 한번 놓친 기회는 다시 돌아오지 않는다.

안개가 많이 껴 시정이 나쁠 경우 어뢰 발사관은 언제라도 충수가 가능한 상태여야 한다. 필요한 경우 어뢰 발사구를 열어 충수시켜야 한다.

393 _ 어뢰 잔탄이 허용하는 한, 공격할 가치가 있는 표적에 대해서는 동시에 2~3발을 사격해야 한다. 사거리가 짧고 조준 데이터가 확실해도 예외가 없다. 이 경우 모든 어뢰가 표적에 명중해 적을 확실히 격침시킬 수 있다. 즉, 표적의 여러 부위에 전탄 명중시킬 수 있는 것이다.

394 _ 사거리가 1,000m 이상일 경우, 또는 적의 속도가 너무 빨라 조준 데이터가 불확실할 경우 여러 발의 표적을 부챗살 형태로 동시에 사격해야 한다. 이 중 1발이라도 확실히 명중시키기 위해서다. 이렇게 1발이라도 명중시키는 것이, 여러 발을 한 발씩 연속 사격하다가 한 발도 못 맞히는

대전과를 거둔 잠수함이 닻을 내렸다. 높이 올린 잠망경에 격침 깃발들이 매달려 있다. 깃발 하나당 적함 1척 격침을 의미한다. 승조원들은 소지품을 휴대하고 상륙하고, 견시들만이 함교탑에 남아 있다. 잠수함은 입거되어 정비 수리를 받을 것이다. 승조원들에게는 휴가도 기다리고 있다. 그러나 그들은 곧 또다시 바다에 나갈 것이다!

것보다는 낫다.

따라서 조준 시 표적을 착탄 분산 범위 내에 두어야 한다. 즉, 예측된 데이터에 기반한 1발 사격의 조준값과, 적함 중앙에 명중하는 가상의 어뢰 궤적을 감안해 착탄 분산 범위를 정해야 한다.

395_ 손상된 적함을 격침시키기 위해 마지막 한 발을 더 사격해야 할 경우, 불명중될 확률이 오히려 공격 중보다 더 높다는 것을 염두에 두라.

    a. 적함을 완전 격침시킬 때는 잠수함을 고정 표적 앞으로 가져가라. 위치는 90, 사거리는 2,000~3,000m이다. 그리고 침로를 유지하면서 천천히 접근하여 적이 아직도 항진 중인지 살펴라. 적의 방위 변경이 측정된다면 적의 속도를 계산기의 방향지시기 각도에 반영해야 한다. 그렇지 않은 경우 적을 타당한 함수 또는 함미 어뢰 공격으로 격침시켜야 한다. 표적의 속도는 어뢰 명중 부위를 고를 때 반드시 따져 봐야 한다.

    b. 사거리 1,000m 이하까지 가급적 가까이 접근하라. 유월광 야간과 주간 시에는 잠항하여 400~500m 사거리에서 어뢰 공격한다.

    c. 적 호위 세력이 빨리 도착할 수 없는 원해에서는 마지막 한 발의 사격을 서두를 필요가 없다. 대부분의 배들은 손상을 입으면 2~3시간 내에 가라앉는다.

    d. 적 대잠수함 세력(항공/수상)이 발견되면 즉시 마지막 어뢰 사격을 실시하라.

    e. c항의 환경일 경우, 표적을 어뢰 사격 대신 함포 사격으로도 격침시킬 수 있는지부터 따져야 한다. 제277번 항목을 참조하라.

역자 후기

제2차 세계대전은 명실공히 인류 역사상 가장 거대한 전쟁이었다. 대서양 항로의 패권을 놓고 벌어진 이 전쟁의 대서양 전투 또한 인류 역사상 가장 거대한 잠수함전이었다. 비록 패배하기는 했지만 독일 해군은 이 싸움에 사상 최대의 잠수함(U보트) 전력을 투입, 영미 간의 해상보급로를 절단하기 직전까지 갔고, 동맹국 일본은 물론 적국 미국 본토 앞바다까지도 U보트를 들여보내는 등 잠수함 전사에 길이 남을 대기록을 여럿 세웠다.

역자도 초등학교 1학년이던 1985년부터 독일에 U보트라는 걸출한 잠수함이 있다는 것 정도는 알고 있었다. 하지만 그로부터 근 40년이 넘게 지난 지금까지도 U보트와 대서양 전투에 대한 지식과 정보의 갈증 속에서 헤매기는 마찬가지다. 당사국 독일은 물론 그들과 포화를 교환했던 영국과 미국에는 자국어로 된 관련 자료가 엄청나게 많지만, 우리의 실정은 그렇지 못하기 때문이다. 그 빈곤한 상황을 개선하는 데 알량하나마 도움이 되고 싶어 이 책을 번역했다.

앞으로도 관련 주제에 대해 더욱 많은 자료가 나오기를 바라마지 않는다. 제2차 세계대전에서도 실증되었듯이 잠수함 전력은 약소국도 강대국에 맞설 수 있게 해주는 해상의 비대칭전력이다. 이미 우리나라의 잠수함 전력은 이웃한 중국과 일본, 북한 등에 비해서도 국력 차이를 감안하면 그리 심하게 모자란다고 할 수 없는 상당한 규모다. 피흘리지 않고 배우는 실전 경험인 잠수함 전사 연구를 통해 그 전력을 더욱 갈고 닦을 수 있기를 바란다.

언제나 곁에서 힘이 되어 주는 사랑하는 정숙 씨, 한나, 한결, 한솔 세 아

이들, 힘든 업계 환경 속에서도 기꺼이 출간을 결정해 주신 책미래 대표님께 감사를 전한다. 아울러 잠수함 연구소와 잠수함 협회를 통해 잠수함 지식 전파의 첨병 역할을 하고 있는 최일 연구소장님과 잠수함 마니아들, 지금 이 순간에도 어려운 여건에도 불구하고 꿋꿋이 임무 수행 중인 우리나라 해군 잠수함 승조원들에게도 진심 어린 응원과 격려를 보낸다.

2024년 12월
역자 이동훈

U보트 함장용 핸드북

1판 발행 | 2024년 12월 15일

지은이 | 독일 해군 총사령부
옮긴이 | 이동훈
주   간 | 정재승
교   정 | 정영석
디자인 | 디노디자인
펴낸이 | 배규호
펴낸곳 | 책미래

출판등록 | 제2010-000289호
주   소 | 서울시 마포구 공덕동 463 현대하이엘 1728호
전   화 | 02-3471-8080
팩   스 | 02-6008-1965
이메일 | liveblue@hanmail.net

ISBN 979-11-85134-77-2 03900